学校身份

［比］于戈·德拉朗（Hugues Draelants）
［比］易克萨维耶·杜麦（Xavier Dumay）◎著
汪　凌◎译

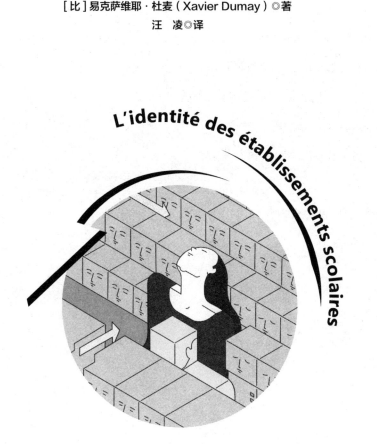

L'identité des établissements scolaires

华东师范大学出版社

Originally published in France as:

L'identité des établissements scolaires

By Hugues Draelants & Xavier Dumay

© Presses Universitaires de France/Humensis, 2011

Current Chinese translation rights arranged through Divas International, Paris

巴黎迪法国际版权代理(www.divas-books.com)

Simplified Chinese translation copyright © 2020 East China Normal University Press Ltd.

All rights reserved

上海市版权局著作权合同登记图字：09-2019-276号

中文版前言

机缘巧合,也就是说"意外发现或者我们原本没有想到的睿智结果"(弥尔顿)在学术发现过程中有着重要作用。这一点广为人知。有时候,不期而遇也会降临到学术知识的传播过程中。我们这本书就有如此的际遇。我们原本怎么也想不到《学校身份》一书会出中文版。本书的中文翻译项目多亏了上海华东师范大学教育学部的教师和研究者汪凌女士,她在里昂高师工作期间发现了我们这本书,并认为把它介绍给中国读者具有意义。因此,这篇中文版前言首先要非常感谢我们的这位中国同事。著作被翻译介绍到中国这个伟大国家,这对我们来说是一份荣耀,颇有学术上的满足感。

有意思的是,这本书本身就是一种"转用"(的产物),不过这不是语言学上所谓的翻译,而是说我们把组织身份概念从组织和管理理论领域转用在教育和学校社会学领域的研究中。除了一些例外情形(尤其参见"有效学校"流派或有效学校研究,其集中探究在学校水平上有哪些变量会影响学生学业成绩的提高)之外,学校研究者们到目前为止仍然很少借助组织理论框架中的概念来探究学校里发生的事情。但是,组织社会学中的一些开创性的研究从对教育组织这类奇怪对象进行的经验性分析中获取营养,构建了关于组织研究的一些关键概念。比如其中包括,卡尔·韦克(Karl Weick, 1976)的"弱配对系统"、梅耶和罗恩(Meyer & Rowan, 1977)的"脱钩",还有查尔斯·比德韦尔(Charles Bidwell, 1965)的正式和非正式组织等概念。

我们看到关于组织的研究文献能够为探究学校运作(宽泛意义上的学校运作,也就是说不局限于学校成就问题,也包括成员社会化问题,因此,意指学校向其成员做的所有事情)问题提供如此丰富的理论基础,我们从中尤其汲取了组织身份概念。这本书的目标在于介绍这个概念并讨论其应用于学校探究的条件,从而让它成为教育研究者的一种研究工具。我们认为,要理解和分析学校领域(当前)的普遍发展(方向)对学校的影响,组织身份概念是一个非常恰当的研究工具。

教育体制监管方式的兴起注重对学校的评价和财务清算(问责制)以及教育市场的竞争化,这实际上促使学校彼此展开比较,并通过发展自身具体的学校计划和身份来让自己与众不同,这证明了使用组织身份概念(来分析学校问题)是合理的。但是,学校改革政策的出台和实施不是我们开始关心学校身份问题的唯一原因,社会不平等和区域发展不均的加剧生发出学校消费主义,归属于最有利社会阶层家庭对自我圈子和保存自身身份的追求,这些也是学校这一变化的引发因素。

因此,我们可能会说,这种"转用"有些意想不到,但是却不一定是令人惊讶的,我们看到,我们在本书中以对欧洲和北美相关研究的综述为基础而展开阐述的内容可能也会在中国引起反响,因为中国也不可避免地出现了学校标准化和市场化,以及家长对学校表现出的超级热情。中国中产阶级人群增长迅速,对于他们中的很多父母来说,让自己的孩子(很多是独生子女)上一所好学校,这是今后的绝对优先的大事。在中国,学校不再如以往那样被视为千篇一律的,如今的政策注重发展实验性学校以培养优秀学生并累积榜样性改革经验,也鼓励学校改变自己,发展自己的特色,并建构自身的身份,但是在一些学校,改革仍然常常是表面上的。我们在本书中把学校身份概念和组织文化及声誉或组织文化概念联系在一起,要分析学校的这种变革动机机制,以及解读左右学校进行微调还是深刻变革的因素,学校身份概念尤其具有启发性。在任何情况下,我们都希望这些概念以及我们关于学校身份所做的文献综述和理论探讨能够滋养中国读者对这些问题的思考,并且可以为中国学者进行教育改革背景中学校角色的研究带来灵感。

* \
* *

《学校身份》一书对丰富的田野研究进行了文献综述,但它仍然主要是理论性的,且兼具实用本质,因此,它要求针对书中介绍的概念是否具有操作性和运用性进行经验性调查研究。从 2011 年这本书的法文版问世之初,我们就和一些同事进行了几项相关的调查研究。感兴趣的读者可以参看著作《大学校和其声誉》以及《市场背景中的学校身份》(Draelants & Dumay, 2016)(未翻译)。第二本书更偏向经验性,它引导我们修正和微调了我们从这一理论出发进一步提出的某些概念和研究假设。

我们尤其更强调学校身份建构中结构性限制对学校行动者们的影响,比如学校生源的构成、学校提供的教育类型(专业和选修课)、学校在区域教育市场上的地位等,至少在短时间内,如此多的学校内在因素左右着(学校成员的)身份建构过程。学校教学小组对一些校外因素的影响还比较有限,但这些外在因素也限制了教学小组的行动,比如学校的地理位置、其周边社区的社会阶层构成、区域内相邻的学校等等。

正是因为这个原因,我们提出了归类性组织身份的概念,来补充我们在本书中主要阐述的组织身份概念,我们可以随之把后者定义为具体组织身份。换句话说,学校当然可以努力为自己界定一种(具体的)组织身份,但它也依赖于(外在的)归类,诸如贴标签这样的归类也是对它的一种界定,并把它和其他同类学校联系在一起(有利学校对不利学校,中心城区学校对郊区学校,改革的或实验性学校对传统学校等)。

如果说在当前改革背景中学校无疑更注重形象打造的话,那么外界对学校进行归类界定给它带来的压力则最终会抑制这一现象。因此,对于学校组织身份的建构,不是一切都可以为所欲为的。此外,不是每所学校都具备同等的能力来建构一种积极的身份,因为在外界公众看来,对学校进行的归类常常已经界定了学校的身份,这比学校领导层和教师们为此采取的任何行动都更确定。于是,当某些学校因为它们被划归(优秀)梯队而享受某种先天的正面优待的时候,另一些学校则一下子就被负面的言论淹没了,而它们将难以从中解脱出来。

因此,在结语中,我们要强调,虽然我们按照《学校身份》一书中介绍的理论构想进行经验性研究细化了我们某些最初的假设,但是这些经验性研究首先确认了这一理论的中心前提,即一旦我们掌握解读正在学校和其环境中发生之变化的钥匙,那么就能深入地分析学校领域当前发生的变革。因为(学校)组织身份概念邀请我们探究的正是被其环境变化纠缠着并反映环境发展变化的组织(学校)。

最后我们要强调的是,虽然我们突出了(学校)组织身份概念对于理解当代教育政策的意义所在,但是学校领域本身的发展变化,还有家校之间关系的变化等等,也是理解教师职业变革的重要因素。

当学校教育的风景图中充斥着无数希望独树一帜的学校组织的时候,教师的职业社会化与其组织(学校)的关系也会变得更加紧密,并且,教师在职前教育中形成的职业身份和他们在工作背景中获得的参照因素之间可能会产生张力。当我们要在这第一个论据上添上教师在工作生涯中要思考自身职业发展这一点的时候，就更能理解为什么弄清楚在不同的学校组织动力机制中各种各样的职业性是如何形成的这个问题很重要。因此，这本书也是面向教师或未来教师的，如果他们想了解在如此走向更强碎片化的学校风景中，自己的职业性在整个工作生涯中的利害关系到底在哪里的话，这本书也许可以给他们某些启发。

于戈·德拉朗和易克萨维耶·杜麦

新鲁汶，2019 年 6 月

目录

前言 / 1

第 1 章 组织身份与学校 / 1

组织身份概念的起源和定义 / 3

组织身份之研究文献中(呈现)的当前讨论 / 5

走向一种组织身份的制度观 / 7

与组织形象和文化相关联的组织身份 / 10

学校,非典型性组织 / 14

利于学校身份发展的条件 / 19

 与社会政治背景有关的条件 / 20

 制度条件 / 22

 组织条件 / 25

小结 / 26

第 2 章 学校文化 / 28

文化概念的起源和发展 / 29

文化概念与学校 / 32

学校文化,变革之源? / 34

文化,抵抗外来改革的因素? / 37

新的学校教育政策和(学校)文化动力的变革 / 42

小结 / 45

第3章　学校形象 / 47
　　形象、声誉、名望 / 47
　　掌控自我形象，一个关于权力的问题 / 49
　　从产品形象到品牌形象 / 52
　　学校，从制度单位到组织 / 55
　　　　提交报告还是童话故事？ / 57
　　　　样板学校：当特例成为规范 / 63
　　　　找不到的"普通"学校 / 64
　　从象征性适应到工具性适应 / 66
　　　　地位和质量，松散的配对 / 69
　　　　排行榜：对精英学校身份的威胁？ / 71
　　　　学校政策中形象载体的选择和分量：路径依赖 / 73
　　小结 / 76

第4章　组织身份认同 / 78
　　组织身份认同，一种社会心理学的定义 / 78
　　组织身份认同的（组织性）功能 / 79
　　组织身份认同，一种社会学视角 / 82
　　　　被赋予的身份——被接受的身份 / 83
　　　　学校地位对组织身份认同的影响 / 84
　　　　一所"和其他学校"一样的学校 / 86
　　　　自觉接受一种精英身份？ / 87
　　　　身份认同：舞台实践与后台实践 / 90
　　　　角色和身份 / 92
　　后官僚主义背景中的组织身份认同 / 94
　　　　学校领导对自己学校的身份认同 / 95
　　　　组织身份认同，一种背景化的职业身份？ / 97

竞争和组织身份认同 / 99
　　组织身份认同对学生选择学校的影响 / 101
　　　学校在学生学业雄心养成中的作用 / 101
　　　身份认同与吸引效应 / 104
　　小结 / 106

第 5 章　组织身份与权力 / 107
　　被夹在两种权力形式之间的组织身份 / 108
　　制度控制 / 109
　　　强力匹配和主体化 / 111
　　　学校身份与抵抗 / 114
　　　制度控制与学校内工作的组织 / 119
　　制度企业化：权力与组织身份的本地协商 / 123
　　组织作为权力目标和来源 / 128
　　小结 / 130

结论 / 132
主要参考文献 / 137
译者后记 / 153

前言

认为学校都有自己的特点和身份这样的观点由来已久,并不新鲜。教育史学家们指出,关于学校的"个性"问题早在一百多年前就已经被作为公开的话题了,人们这样做的目的常常是为了哀叹学校没有自己的个性,并从中看到了可能激发危机状态产生的一个原因,而这种危机状态可能会把教育拖入其中。"如果说人们很早就担心学校缺少同一性,担心它们没有一种集体人格,或者担心初中和高中的校长们没有能力建立一种不怒自威的权威,这很大部分是因为人们已经承认学校在学习质量中扮演着重要角色。"(Campère & Savoie,2001,9)

对"学校个性、学校与环境的关系、学校自主性、学校创新能力和学校教师与行政人员在教育共同体内部及当地社会中的投入程度"等问题的关注(Savoie,2001,19)一度被"战后几十年里学校教育迫不及待的扩张所遮盖"(引文同上)。三十余年来,这一问题再次成为学校教育行动者们、家长和行政机构以及教育研究者们关注的一个焦点。

20世纪80年代开始变化的学校教育监管方式确实明显强化了学校作为教育政策导向和实践场所的地位,并加强了教师们之间的工作协调。这些变化来自学校与社会之间关系的发展,它们表现出两种倾向:第一种倾向是通过教育目标(被称为"标准"),甚至教师实践本身或学校运转的标准化来强化(学校教育管理的)科层化过程;第二种倾向是激活地方性教师集体，以把关于如何达成中央机构确定的目标所需要进行的思考和决定交付给地方工作团队。学校因此倾向于成为学校体制的一个关键构成部分：教师小组被要求制定计划，并对学校的人员和物质资源安排提出意见，以更好地回应学生和家长向他们提出的具体要求，同时这也是为了达成政府给他们设定的目标。

重新分配中央和地方之间的权力，重新建构参与学校体制监管的不同行动者之间的关系，正是在这样的制度背景中，我们把学校视为组织，对其提出质疑。这本书的主要目标就在于帮助读者更好地理解这些尤其以国家作为评价者和学校市场面貌呈现的"新的学校政策"(Mons，2007)在如何改变着学校。

为了分析政策变革和组织变革交替渗入学校领域的过程，我们提出了一种学校社会学，这种学校社会学是围绕组织身份的概念建立的。关于组织身份的研究已经形成了一个新的交叉研究领域，这一研究领域二十余年来得到了蓬勃发展，并在组织理论内部找到了它的一席之地。我们对相关文献的解读并不局限于某个概念、甚至某种理论的制定，而在于提出包含多种思想、分析方式和看法的一套东西，以更好地认识环境对组织的社会建构不断加大的影响。

根据组织的活动领域和任务的不同，这些影响显然有所不同。在学校教育的世界里，学校和其环境之间这种互动影响的强化尤其通过在学校里引入商业原则和管理性监管方式反映出来，这些商业原则和管理性监管方式的引入"打破了学校的封闭状态"。在很多教育体制中，学校现在要向政府或者各种中间机构汇报自己的活动或成绩，同时也要更多地重视家长的期待和要求，这些家长拥有把学校教育小组置于重压之下的能力，这种压力的施加与家长拥有某种为子女择校的自由不无关系。外部环境对学校影响的不断增强也许在高等教育中表现得更为显著。在高等教育领域,教育监管的特点表现为证书膨胀、与企业合作增多以及私人投资部分加大,或者通过发布众所周知的大学国际排名而建构的欧洲和世界高校空间(Musselin,2008)也算得上其中的一个表现。

此外,学校组织和外界环境之间互动交流的改变和强化是在一个具体的背景中发生的,在这一背景中,现代社会特有的社会化机构衰落了(Dubet,2002),赋予学校的任务被重新定义并更为复杂。原本只是承担着个体之解放和社会化任务的学校—制度单位就这样被新的行动参照系抛入竞争的旋涡里,这些新的行动参照系尤其关注的是学校的生产力(Maroy,2009)及其对知识经济和知识社会的适应力。而且,曾经一度保证人们就学校教育达成共识的普世且合理的价值被置于争论的浪尖,其将何去何从这一问题被抛给了地方教育机构和学校,而如何在公正的基础上建立新的妥协这一任务则被交给了学校(Derouet & Dutercq, 1997)。因此,学校和地方教育机构必须重铸自己的价值观和认知,以寻获自身工作的意义所在,而且要针对这些新的工作协调形式寻找适应和自我调整的方法(Dupriez, 2003)。

三十余年来,学校组织的动荡及其与新的学校政策维系着怎样的关系,成为一些经验性调查和理论研究关注的对象。法语区关于学校的社会学研究特别努力地去理解学校之间存在怎样的差别(有证据表明,不论是小学、初中、高中还是高等教育机构,都存在校际差别),想弄明白校际差别在何种程度上不单单局限于学校在能力传递和提高学生成绩上表现出的效益差别(Dubet 等,1989),也不单单局限于其学生构成在社会出身上的差异。一些质性研究或民族方法论研究把学校描述为能够生成某些特质的地方性集体,这些特质是它们独有的,反映出它们与周围环境的不同关系,其行动者持有的关于教育功能的观念、其所招收的学生群的类别特点等(Cousin，1993；Derouet，1994；van Zanten，2001)。所有人都在紧盯着的这一现实多少得到了明确的经验证实，为此，研究者们运用了各种词汇来予以阐述，他们提出了诸如学校发展了"身份"(Paty，1981；Charlier，1987)、"形象"(Baillon，1982；Cousin，1998)，"文化"、"风气"(ethos)或"共同世界"(Grant，1988；Dutercq，1992)又或者"气氛"(在更偏向量性的研究中)(Grisay，1989)等说法。这些词汇的使用一般仍然是隐喻性的，因为到目前为止，法语区的研究者们关于学校的探究从来没有努力去对这些概念加以理论化或把它们联系起来。

在本书中，我们使用"组织身份"的概念，目的在于对围绕这些问题进行的研究做一个文献考查。我们认为这个概念所具有的启发性特征可以帮助我们关注多种不同的但相互联系的问题，这些问题所围绕的中心议题就是，如何理解学校组织所经历的动荡以及这些动荡与新的学校政策和政策赖以立足的认知动力之间所维系的联系。

我们认为，"组织身份"这一概念具有的启发性特征主要表现在两个维度，我们这里先对此做个简单的解释，在本书的第一章中我们再回过头来做详细阐述。首先，它让我们把学校组织视为社会建构的结果，它基本上是由其制度环境和内部实践共同构建而成的。身份概念，尤其从其制度意义上来说，其焦点当然是放在组织如何嵌入其所处环境的问题上，但是它也关注行动者和学校本地的互动，特别是话语性互动，把它们作为学校组织之社会建构的要素。因此，组织身份概念帮助我们理解组织如何因为制度限制与制度游戏而变成如今的样子，同时也帮助我们理解组织如何反映出某些具体的且截然不同的情景化互动过程。而且，组织身份概念正是在这一点上把组织分析的两个关键概念联结在了一起，即文化与形象，这两个概念以往常常被认为是组织之社会建构动力的不同侧面。

形象概念基本上反映了组织之社会建构的外立面，它的追求在于探究组织如何才能努力让自己被周围环境认识，如何才能控制针对它的社会上的飞短流长。因此，与组织形象有关的研究很少关注外界为学校披挂的形象①在何种程度上以及通过怎样的过程来影响学校组织的内部实践，而把对学校组织背景中左右其成员日常工作的那些价值观、规范和意义等问题的探究留给了那些从事文化研究的研究者们，正是这些内外因素的运作和互动，建构了学校的身份。因此，身份概念有助于让学校作为社会建构的更完整过程的这两个方面进行对话，并打开新的问题探究视角，比如分析制度环境对组织的文化实践的影响，或者研究组织内部权力关系，这些内部权力关系影响着组织对自己形象的打造。

其次，组织身份概念具有的启发性特征在于，它可以帮助我们把常常分开考虑的一些分析层次联结起来。某个组织的成员对它的依恋和身份认同方式与它向外界环境传递的形象和声望是如何联系起来的？组织中的社会互动形式是否受到其所处制度环境中主导监管形式的影响呢？外界关于组织的形象认知是否影响到组织内真实的工作安排、分化和协调呢？在某个既定的制度场域中向所有相关组织施加的制度压力是否会引发具体某个组织内部权力游戏的重组呢？这些都是围绕组织身份概念，同时混合了以个体、组织和制度场域为中心的分析视角所展开的研究会提出的问题。

因此，与组织身份有关的已有研究会处理各种各样的问题，这些问题对

---

① 这里的原文为"les identités attribuées aux établissements"，直译为"（外界）赋予学校的身份"。笔者通过邮件征询了原作者德拉朗的意见，他明确这里更多牵涉到学校的声誉，即周围环境、外界人士等看待学校的方式和对学校的看法，故而这里按照这个意思选择了"外界为学校披挂的形象"这样的译法。——译者注

组织来说都是重要的。在这本书里，我们选定了四个主题，这些主题似乎对学校组织尤为重要。

第一个主题就是学校文化。关于学校的研究长期以来倾向于表明这样的观点，即一所学校的运作可以不需要其成员们的投入，也就是说它没有成员们的共同认知，更没有被成员们一致认同的文化。新的学校政策是否改变了这种局面呢？比如，财务清算政策是否改变了学校的领导形式、改变了工作中和组织活动协调上的社会关系呢？学校是否最终对政府和地方权力机构的干部们提出的质问做了相应回答？面对制度压力，学校内部的集体实践是否是为了与之抗衡？教师之间的互动是否为他们提供了一个机会来对其自身职业发展和其监管模式进行批判性思考呢？

第二个主题涉及学校组织的形象、形象的制造和接受。我们可以给出这样的推论，与以往相比，学校组织得面对更多其环境反馈给它的多重形象。学校成为一个需要运用策略的所在，不仅从教育体制使用者的角度来看是如此，从政策监管的角度来看也是如此。后官僚主义的教育监管形式（政府—评价者和准学校市场）所依据的观点是这样的，即每所学校都是不相等的，而且，不论政府还是使用者都可以区分出它们谁好谁差。关于择校的那些研究（van Zanten，2009b）清晰地表明，家长们（至少某些家长）在择校过程中信奉学校效应至上的逻辑，他们会参考一些部分得到认同的学校等级排位，而这些等级排位随后可能对学校本身产生影响。财务清算政策也是通过一种形象游戏展开的，它要求学校按照自身运转所制造出来的形象[①]和自

[①] 这里的"学校按照自身运转所制造出来的形象"是指外部评价或问责政策依据既定的标准，针对学校真实的运转情况所做出的评价结果，学校由此获得的"形象"从这个角度来说是真实的，不过仍然是人造之物，难以涵盖学校真实运转的方方面面。——译者要求原作者做出的更详细解释。

身有效性进行自我修正。学校如何管理这些形象呢？特别是从处于竞争中的各个学校组织之间的力量关系来看，学校对这些形象的管理蕴含着怎样的利害关系呢？学校是否花费更多的精力来掌控大众对自己的印象？外在形象对学校的真实运作有什么影响？学校掌控大众对自己的印象是否有助于疏导环境给它施加的压力？学校打造的自我形象是否真实地反映了其教育质量呢？

我们探究的第三个主题和师生们对其学校的身份认同过程与方式有关。如果我们接受这样的假设，即学校行动者对它的依恋被学校在其环境中流传的形象所左右，那么这一主题就和第一个主题直接联系在一起了。学校这样的形象是通过怎样的过程传递开来的呢？其成员个人对此有反应么？有怎样反应的呢？对组织的身份认同对行动者的自我评价会有怎样的影响？有利于成员对组织身份认同的群体或组织有怎样的特征呢？对组织的身份认同和其他的社会认同如何交互作用，以及个体对组织的身份认同与组织角色维系着怎样的联系呢？后官僚主义的监管方式是否会重构这些联系呢？

我们将谈到的第四个主题是权力。组织身份的概念并没有对权力游戏问题关上大门，远远没有，权力游戏围绕着制度变革和组织变革而扭结在一起。本书所分析的一些权力游戏不仅涉及学校所遭受的变革压力，也包括组织内部的权力游戏，后者和学校组织的各种各样的身份以及文化①的界定与合法化有关。我们假设，学校的多个组织身份在外部压力和内部权力

---

① 这里作者使用了学校身份和文化的复数形式，意指一所学校具有多种身份和文化，即人们对这个学校集体有不同的认识和定义视角，这和所谓的学校的官方版本的统一身份或文化不同，后者只是其众多身份或文化中的一种，只是占据上风的一种。——原作者德拉朗应译者要求做了进一步说明，相关的论述在后面的章节中也可以看到。——译者注

游戏之间被拉来扯去,学校内部游戏的目的就在于建立一个官方版本的学校组织身份。权力问题直接回应学校文化这一章的内容,我们将在那一章更深入地分析这样的观点,即组织文化和组织身份是在组织内部通过其成员们之间的不平衡关系被加以界定的。

组织理论,企业社会学和学校社会学

因此,对这些不同主题的探索是从组织身份的概念出发,把学校作为组织来加以探究的。事实上,我们通过本书在学校中所寻找的新的研究维度,其本身既不是身份维度也不是文化维度,而是组织维度,身份概念帮助我们以我们所希望的一种独特而饱含意义的方式来探查一些新的研究方向。到目前为止,社会学家们倾向于把学校描述为专业性科层机构(Bidwell, 1965)。他们也很自然地把学校视为一种制度单位(涂尔干)或一种共同体(托尼斯),但甚少将之视为一个组织①②。但是如今,学校被命令成为一个组织,甚至一个企业(Laval, 2003)。如果说某些学校是组织,这种学校真的仍然不多见。从这一点来看,各国教育体制存在不容忽视的差距(那些主要的英语国家的学校明显类似),不同的教育层级之间也存在差距(小学不是

---

① 然而也有一些著名的例外,比如可参见马洛的论述(Maroy, 2007)。
② 此外,译者请本书原作者德拉朗对此做了进一步解释,译文如下:在1992年首次发表并在2007年由GIRSEF(UC Louvain)再次发表的一篇文章中,马洛区分了美国有关组织的研究中并存的关于组织的两大界定视角,一种是功能主义的(参见Bidwell, Mintzberg),另一种是制度主义的(参见Scott, Meyer和Rowan),他把这两种界定视角放在一起比较,也与欧洲的相关研究做了比较,并使用它们来提出两种学校分析模式(这里,他"从学校教育体制的整体水平上,同时也从具体学校的水平上来探究"学校),并思考欧洲,尤其思考比利时如今的教育论争中所涉及的问题。——译者注

中学,中学本身的运转也不同于大学)。简短地说,不是每一所学校都是一个组织,即使我们对每所学校都可以进行组织分析,情况也依然如此。

把学校作为一种组织加以研究,原则上且按照传统的组织研究视角来说,就是把它作为一种工具来观察,这一工具是为了某一既定目的而被用来把生产所需的物质和人力因素理性化的。但是,组织社会学的发展是为了研究一些实体而发展起来的,在这些实体中,劳动过程的理性化主要是为了市场的目的而进行的,因此,这些实体先天就和学校有极大的差别,那么依据这样的组织社会学来分析学校世界中正在发生的变革是否恰当呢?

为了回应这样的质疑,首先应该对这一点做个回顾,即这二十多年来教育体制监管方式的变化常常被描述为是从公共管理模式那里得到的灵感,而倾向于强化教师工作理性化(通过给出工作指示或确定要达成的标准),并因此强化学校领域中的组织制造。这些变革当然意义重大,但不应该掩盖学校与企业之间存在的某些重大区别。如果说学校不再能被认为是传递文明的圣殿——这一圣殿曾经因为人们普遍信任它肩负传递文明的重任而与世隔离,但它仍然被托付了各种各样的世俗任务,这不能简化为来自新自由主义的命令(Laval, 2003),或者简化为要为国家在新的知识社会中制造更多具备竞争优势的精英。而且,教师工作本身是被纳入服务关系的,是一种人际互动的职业(Tardif & Lessard, 1999),教师工作的这一特点似乎至少部分和这样的观点相矛盾,即认为应该对教师的工作方法或目标进行严格理性化。

同样也应该指出的是,企业社会学已经开始以不同的方式对组织提出质疑,这使得它向制度单位世界的分析视角靠近了一步。20世纪80年代的管理发展①激发了另一种企业观的出现，在这一观念中，人们认为领取薪资者应该参与到企业发展之中并发挥自己的主体性，企业社会学（比如在法国围绕雷诺·尚索留〈Renaud Sainsaulieu, 1987；Piotet & Sainsaulieu, 1994〉的研究发展起来的企业社会学）通过分析这一观念是如何产生的，表明以后一定要关注到并思考雇员们对工作之社会化的文化过程。换句话说，组织不再单独被认为是把工作理性化的一种工具，而是一种规范形式，它给予工作本身意义，且更普遍地来说，给予工作者的生活以意义。

因此，关于企业和学校的社会学研究尽管出发点相隔甚远，但似乎最终却携手并肩来研究组织和制度单位的交汇：组织的制度维度或制度单位的组织维度。当企业社会学从把企业作为组织加以研究走向把企业作为制度单位加以研究的时候，学校社会学从中看到了把学校视为组织进行研究的可能性，同时并没有忽视把学校作为制度单位加以分析的、更传统的研究视角。我们在本书中想有所贡献的正是在制度性视角中运用组织身份概念关注学校问题。简言之，我们的研究视角并不是单纯参照传统的组织社会学，而是进行融合。通过从有关理论的发展变化中汲取灵感，我们实际上想做的是立足于一种新制度主义的组织社会学，把组织作为制度单位来加以研究。我们觉得正是在这一点上，这一研究视角尤其适合我们的研究对象，因为学校传统上是制度单位，而它正倾向于成为一个组织。

---

① 这一时期所表述的"企业之魅力重现"实际上和一系列更广阔的政治、社会及经济原因有关系，比如：政治双极化终结后市场经济的胜利、后来的阶级斗争研究边缘化、经济危机和就业问题、工会化比例的下降，等等。

学校和市场,学校社会学和新经济社会学

此外,我们可以把由教育的市场化形式引发的变革所具有的性质和从新经济社会学出发、围绕市场概念进行的研究呈现出的新导向进行对照(François,2008)。

一方面,在学校世界引入市场监管方式确实常常得到公共权威机构的支持,而其所建立的市场实际上是一种准市场。所谓准市场,是指自由择校和教育公共拨款的结合。因此,在学校教育方面,我们远远没有形成新古典经济学家们所描述的那种纯粹形式的市场。之所以如此,不仅因为(在学校教育领域)国家、各种公共监管形式和市场明显缠绕在一起,也因为正如学校社会学家们所表明的那样,自由择校的制度化受到其他一些制度规则的妨碍和限制,这些制度规则规训着行动者在学校教育世界中的行为,尤其规训着那些负责实施并适应择校自由化的家长们、学校领导者和教师们的行为。比如,范·让丹(van Zanten,2009b)在法国进行的、关于择校之自由化的调查指出,某些社会阶层的家长更多地把"与学校之关系"工具化,且立足于一种"与学校之工具性关系"的择校目的常常被他们拿来和其他的择校目的进行比较以权衡利弊,这其中的一些择校目的更多地和法国传统上被制度化的学校观念(比如学校传递的普世知识可以帮助儿童脱离其地方共同体)联系在一起。人们认为,学校提供的服务可能是卡尔皮克(Karpik)[1]所谓的独特之物,也就是不可估量的服务(Karpik,2007)。卡尔皮克认为,这

---

[1] 法国经济社会学家——译者注。

类服务产品通过某些市场进行交换,"这些市场由一些质量不确定的关系构成,这些关系是那些独特产品和寻求'正确'独特性的行动者之间的关系"(引文同上,38)。因此,既然任何的供求关系之监管机制都不是理由充分、完全正确的(包括政府对学校进行的、并可能公之于众的评价也是如此),那么学校"客户们"判断学校好坏所依据的认知机制在对学校所提供服务价值的评价中就扮演着关键角色。此外,家长们依据的、评价学校教育的这些认知机制代表了新旧两方面因素的运作,即一方面是一度把学校作为公共体制而赋予其意义的传统制度规范,另一方面则是学校变革所造就的一个私人的和社会的空间。

另一方面,关于市场协调形式的思考长期以来只是经济学家们的特权,而自从波拉尼(K. Polanyi)关于市场形象包含历史、政治和文化因素的研究发表以来,这类思考在社会学领域受到了很大关注,相关的社会学研究加强了社会经济分析与学校领域中这种(准市场)监管形式研究的匹配性。新的经济社会学首先强调政策治理、官僚主义和市场机制并不是相互对立的,它们以复杂的方式交互影响。正如我们在上文中已经指出的那样,在很多时候,(像学校教育这样的)公共行动是建立在市场机制运作之上的。但是,更根本的是,这些公共行动"表明了按理说属于经济范畴的各种互动整个浸透着具体的文化色彩和社会色彩,这些因素使得这些互动远离了经济学家们描述的那个干瘪而冷漠的商品世界"(François,2008,81)。我们对这一论证做出回应,我们强调指出,在不同的学校体制中,择校的自由何以能够涵盖如此迥然不同的含义:在比利时和荷兰,它们所推行的自由择校政策认可家长有权选择宗教学校或非宗教学校,而在英国,政府之所以推行自由择校政策,更明显的原因在于希望借此给学校施加压力,以提高教育体制的生产力。

我们看到,社会学关注到了市场这一研究对象,人们把在学校教育领域中长期占据主导地位的、专业官僚式的监管形式拿来和新的教育监管形式(包括市场监管方式)进行比较以权衡利弊,而且关于教育市场化监管的学校社会学研究(van Zanten, 2009a; Felouzis & Perroton, 2007)表明,在学校世界中引入某些市场原则,这涵盖了一些具体的、取决于学校所处的历史、政治和文化背景的形式,也导致尤其是家长们和处于竞争中的那些学校组织行动逻辑的改变,使得关于学校和市场的研究与关于学校社会学和经济社会学的研究之间的距离进一步拉近了。

一种特别的方法

因此,本书按照这些分析的路径,探究新的教育政策(市场化和管理化的监管方式)激发了怎样的学校变革,以及学校在这些新政策的制度化过程中扮演了怎样的角色。本书以研读或远或近触及这两个问题的各类研究文献为基础。我们研读的文献并不局限于法语区出版物,同样也整合了很多盎格鲁-撒克逊学者的研究成果。对在与我们截然不同的背景中完成的研究秉持开放的态度,这有助于我们观察到多种多样的制度背景和它们与学校组织变革之间的联系,也是达成本书所确定目标的一个重要标准。

我们在其中纳入组织身份概念的制度视角首先是背景性的。对于我们来说,这不是研究一些飘浮在空中的过程,而更多的是要努力弄明白学校政策的改变在具体的文化和政治背景中是如何影响教师们的工作组织形态的。我们确实认为,虽说我们可以确定(各国)学校政策发展的一些共同倾向(比如参见 Neave,1988；Maroy,2009),但是这些共同倾向远不能碾压学校政策及其变化的多样性。比如,在谈及权力机制的章节中,我们将看到,在英国和美国的学校体制中施加给学校的制度压力更大,在这些学校体制中,对学校组织进行(外部)评价和财务清算占据着中心地位,而在法国,中央集权的传统长期以来遮蔽了地方的独特性和学校组织自身特性的发展。我们在学校教育的其他方面也看到了这种与其所处背景多样性有关的特征多样化,尤其是不同教育层级间的特征差异。目前,最实质的变革触及高等教育、高校组织和其专业人士,这一点似乎是清楚的,影响义务教育的变革一般来说更加有限。确实,相比义务教育而言,高等教育更多地需要应对学校政策的国际化以及新的社会需求,或至少是被更新的社会需求,这些需求和学校体制对知识经济的适应有关。

因此,本书使用的方法比较特别。它不是介绍作者们进行的这个或那个调查,也不是针对某一既定对象做系统的文献综述。我们更多地尝试对一系列在很多方面都不同的异质性研究(不同的参照学科、不同的理论框架、田野调查所处的不同的制度背景、不同的教育层级等)进行重新解读,努力按照一个中心分析视角把这些研究联结在一起,这一中心分析视角就是学校教育领域中(学校)组织的社会建构。我们在其中当然会谈到自己的研究。我们(两位作者)的主要研究课题包括学校改革的制度化(Draelants,2009)、教师工作的校本协调(Dumay,2009)、影响学习愿望和大学入学路径的制度性制约因素(Buisson-Fenet & Draelants, 2010; Draelants & van Zanten, 2011)以及(学生学业)获得之社会不平等的制造(Dupriez & Dumay, 2006; Dumay & Dupiez, 2008)等。不过,因为这些研究的建构不总是和本书的分析归类相一致,所以我们依然按照本书研读其他研究的方式对我们自己的研究重新进行处理,也就是按照组织身份概念和其他相关概念对其重新加以解释和解读。

最后,我们要明确的是,本书只是附带地关注到学校组织的变革对学生学习及按照学生的不同社会特征、不同班级和学校而呈现的学业成就分配所带来的后果和影响。一方面,本书不关注学校不平等问题以及新的学校政策和学校组织的改革以何种方式影响教育不平等,关于这些问题的研究文献非常多,读者可以自行阅读;另一方面,且更根本地,我们感兴趣的是另一类学校效应,它和教育学科文献中惯常描述的那种学校效应[①]不同(参见Bressoux,1995)。事实上,我们颠覆了传统的推理逻辑,而想探究相信存在某种"学校效应"这一信念可能对学校的运作和学校组织的内部实践产生怎样的影响。在我们看来,这种信念是国家—评价者和准市场监管模式悄然依靠的基本原则之一。

本书第1章介绍组织身份的概念,并讨论将它应用于学校以理解学校组织变革的恰当性。随后的各个章节分别论述了学校文化、学校形象、组织身份认同和组织身份与权力,进一步展开新学校政策和学校组织变革之间可能缔结的联系的不同方面,从而帮助读者逐步走入我们所关注的问题之中。本书最后,我们勾勒了一些我们认为意义深远而令人振奋的未来研究路径,来邀请读者们展开进一步思考。

[①] 20世纪80年代开始,法语区学校社会学界开始转向关注学校本身多样性问题以及其对学生学业的影响。所谓学校效应,概括来说,即学生在社会出身背景和学业背景具有可比性的情况下,进入不同的学校可能获得不同的学业机会和发展机会,因为学校氛围、学校文化、学校计划等诸多因素都会对学生产生影响。——译者注

第 1 章　组织身份与学校

按理说,"学校身份"概念获得人们一致理解,这从来不成问题。如果我们询问一位学校工作者他常常光顾的学校或他工作的学校有怎样的身份特点,他也许会沉思良久才能做出回答,这也许并不是因为他没有理解问题,而更多地是因为可以给出的回答极其多样。校长们喜欢使用这个概念,但它表面上的"众人皆知"提醒我们要小心谨慎。我们似乎必须首先对这个概念进行探究。

我们对这个问题进行分解。首先,我们把"身份"和"学校"这两个词捆绑在一起是否有意义呢?身份一般被认为是一种个体或人类所有的现象,而一所学校、一个组织并不具有心理特征,因此人们可能会认为谈到学校身份会最终把学校组织拟人化。我们在这里显然不是要把个体和群体进行同化或混为一谈,而是认为在构建个体的过程中和在构建群体的过程中存在一种可能类似的东西,正如弗洛伊德已经提出的那样。确实,这位心理分析之父在其《人群心理学和自我分析》(1921)中已经质疑过把个体心理学和社会心理学相对立的做法是否恰当,从而把他的思考视角扩展到组织和社会领域(Bernoux,1985)的身份问题。这正是哈奇和舒尔茨(Hatch & Schultz,2002)支持的观点,他们从 G. H. 米德(G. H. Mead)的自我社会理论那里受到启发,对组织水平上的身份动力进行了概念化。我们在下文会介绍他们的观点。

"身份"概念显然不一定明确用于分析群体或组织问题，它在社会学中并没有得到广泛普及。我们知道一些同仁对这一概念的运用持保留意见（Brubaker，2001；Avanza & Laferté，2005），人们常常强调它一词多义并包含着本质论和物化的危险，人们也从方法论的角度指出这个概念难以操作。这些批评显然都是可以接受的，不过我们在这里的目的不是维护身份概念，我们关注的是这个概念的过程维度，并促使大家以间接的方式去研究它。我们之所以选择借用这个概念，是因为英语圈关于管理和组织理论领域的研究相对丰富。虽然这一概念在某些方面仍然有待商榷，但是我们认为，法语圈在这方面的研究尚显欠缺，而当这些研究和学校有关的时候，由此激发起来的可待研究问题值得引起关注，并值得让以学校问题为研究对象的学者们了解。

要让这一课题成为学术研究对象，我们还需要探究另一个基本问题，即把组织身份概念应用于学校是否恰当，因为它最初被认为是以企业现实为参照提出的。争论在学校研究中移用这一概念是否恰当，意味着人们对学校的组织特征仍然满腹疑惑。确实，我们将会看到，学校的组织特性暗示着使用这一概念对之加以研究会存在某些难点。比如，想当然地假定任何学校都有一种同一性身份，这种做法似乎是成问题的。与其假定学校有一种同一性身份，不如自此把关注的目光放在能够让学校中的组织身份得以呈现的社会政治的、制度的和组织的条件上。对学校体制调控方式的发展变化进行探究，这应该最终会证实我们借用这一词语（即把组织身份概念运用到学校领域问题的研究中）是恰当的。在此之前，我们有必要对组织身份概念的起源做下介绍，并从中提出一种界定。

组织身份概念的起源和定义

关于组织身份的研究形成了一个新的跨学科研究领域,20多年来得以蓬勃发展,并在组织理论中获得了一席之地。

对这一新领域的研究已经取得了丰富的经验性成果和理论性成果。[①] 虽然相关研究都是围绕组织身份概念展开的,但并不局限于提出一个概念或一个理论,而是提出了各种各样的思想观点、分析方式以及涉及组织的一些对关键问题的建议,这些关键问题包括策略性立场定位、组织的差别化、人员对组织的卷入、内部和外部沟通或组织与其客户或"利益相关者"所维系的关系等。焦亚和科利(Gioia & Corley,2002)认为,组织身份概念在研究文献中迅速占据显著位置,这一点可以从这样的事实中得到解释,这一事实就是,组织身份概念首先构成了组织中容易理解的和易于调动的一个概念,其次,它在概念的抽象水平上表现恰当。

组织身份概念最初被用于商业组织和企业研究中。管理领域研究者对这个概念的兴趣源于一种普遍的观察结果,即如今随着组织环境中发生的变化,对于企业领导者来说,如何控制企业的组织身份可能会成为一项越来越令人头疼的任务,并可能会成为一种真正策略性的利益关系追求。事实上,组织越来越明显地遭受外界的影响,它们特别要考虑媒体影响的不断增强,股东、客户、供应商、雇员、各级政府和其监管人员所表达的希望和期盼等等,这些都可能左右组织身份和形象的定义,并且有时候可能会给组织身

---

① 相关研究的综述,请参见《Academy of Management Review》,25卷1期,主要文献的介绍,请参见哈奇和舒尔茨(Hatch & Schultz,2004)。

份的官方版本带来冲击(Hatch & Schultz,2004)。

组织身份概念的主要理论来源可以从社会学和社会心理学两个方面去探寻。就前者而言,库利(Cooley,1902)、米德(Mead,1934)和戈夫曼(Goffman,1959)等人首先关注到身份形成的社会性和背景性因素;就后者来说,专注组织和组织身份的研究者们被社会身份理论或社会比较理论所吸引(参见 Tajfel 和 Turner,1979;Brewer 和 Gardner,1996)。

考虑到这多方面的影响,组织身份概念的含义不是完全一致的。事实上,不同的学者对其有不同的界定。在焦亚等人(2000)看来,组织身份的研究有三种倾向并存：1)第一种倾向就是研究组织的身份;2)第二种倾向关注的是组织中人的身份;3)第三种倾向探究的是人对组织的身份认同问题。在这一章中,我们感兴趣的是其中的第一种倾向,因为我们认为其他两种倾向在概念上是不同的,虽然它们与"组织身份"这一词语在第一种倾向中的含义联系紧密。[1] 其他的含义,尤其是第三种倾向中的含义将在后面的章节中予以阐述。

而且,关于组织身份这类研究的那篇奠基性论文参照的就是上文所说的第一种倾向中的含义。确实,在阿尔伯特和惠滕(Albert & Whetten,1985)提出的这一概念的古典含义中,组织身份指称一个组织的成员所公认的、针对某些关键并相对持久的特征的认知,这些特征使得此组织和其他组织区分开来。这一关于组织身份的界定于是包含三个标准：(组织)所声称的(自身)精髓特征之标准,(组织)所声称的(自身与其他组织)差别之标准以及(组织)所声称的(自身)反映某些传统或时间稳定性之标准。阿尔伯特

---

[1] 要讨论个体身份和组织身份之间的联系,读者可以参看普拉特和福尔曼(Pratt & Foreman, 2000)的研究,以及斯科特和莱恩(Scott & Lane,2000)的研究。

和惠滕的定义常常被研究组织身份的学者们引用和借用,虽然他们只是把它作为一个可能想超越的出发点,以给予这一概念更多复杂的含义,并探究其这一面或那一面。

组织身份之研究文献中(呈现)的当前讨论

从文献上来看,围绕组织身份概念进行的理论研究和经验研究确实在持续发生强烈变化,并且其中贯穿着若干关键讨论(Corley 等,2006)。

首先的一个讨论是关于组织身份概念之地位本身的,它对其他论辩产生了相当广泛的影响。组织身份概念是否具有一种隐喻状态,即一种范式,这一范式敞开对组织的象征维度和认知维度进行整体思考,并对之加以标记、使之合法化(Cornelissen,2002)? 还是它更多地只是具有概念的功能,就像人们建构一种关于组织的认识那样发生作用,这种关于组织的认识有助于我们对组织进行描述,并解释其和其成员的运作?

这类研究的代表学者进行的另一个定义性的讨论,其主题涉及组织身份的"场所"或者载体。这一讨论反映了学者们从根本上关注组织中的社会认知及话语地位和作用。比如,有些学者从个体水平上来理解组织身份,将它视为某个组织的某个成员持有的、关于这一组织的认知性图像。[1] 这种关于组织身份的理解在那些源于身份理论或社会比较理论的研究中尤其醒目。另一些学者则认为,组织身份是独立于个体成员的一种现实,其蕴意不

---

[1] 依照这种观点,组织身份是一种被集体公认的框架,它帮助组织的参与者们解释自己的世界、环境。通过这一观点,我们再次看到伯杰和勒克曼(Berger & Luckmann,1966)的社会建构主义对这类研究施加的理论影响。

仅存在于某个(成员们)达成一定共识的集体之中,同样也存在于组织的某些角色、符号和组织"记忆"等其他存载之所(Pratt & Foreman, 2000)。

关于组织身份之载体的这个讨论,其本身部分和另一个涉及组织身份之出现、建构和稳定化形态的讨论相联系。与此讨论有关的立场在彻底的社会建构主义立场和纯粹的本质主义(essentialiste,或译精粹主义,意为"永恒")立场之间摇摆不定。一些学者认为,组织身份是一些不断更新却从来不会完成的互动程序建构的结果,这些互动程序通过一种分散的且与其出现背景密不可分的组织身份反映出来;另一些学者则认为,组织身份也可以被视为是组织的一个实际构成部分,它不仅像阿尔伯特和惠滕(1985)所阐述的那样是可以描述的,而且也是可以被评价和管理的。

除了这些本体论和认识论性质的讨论(Corley 等,2006)之外,我们也可以看到,这一研究潮流最近有了多种多样的发展,我们将在本书后面不同的章节中再次予以阐述。这里,我们要举例阐述多重身份这个主题,它对"组织身份可能是统一的并被组织的所有成员共同接受"这样的论点提出了异议和讨论(参见 Pratt 和 Foreman, 2000)。学者们已经从不同视角研究了同一组织内部存在多重身份这个问题,这些研究关注一个组织可以维系或表达的(不同)身份的数量,尤其关注组织内所呈现的这些身份的共生模式(Corley 等,2006)。从混合身份的视角(Albert & Whetten, 1985)来看,各身份必然是相互对决的和相互冲突的。因此,混合身份具象了关于组织、关于组织活动和组织历史的那些彼此争斗着的定义。普拉特和福尔曼(2000)进行的相关研究没有选择组织身份的本质主义视角,他们的研究为我们打开了一扇门,让我们可以了解组织身份的多重性,并探究组织的不同身份之间协同作用的建构形态。

而且,多重组织身份问题也导引出另外一个已经开始被研究的问题,即关于组织的官方身份定义的权力问题(参见 Scott 和 Lane,2000; Rodrigues 和 Child,2008)。事实上,某个组织的行动者们并不全都拥有相同的组织官方身份的定义权。一般来说,企业的董事和经理们借由其面对外界的职能和地位而成为官方版本的组织身份代理人。由此,这方面的研究引发了我们对组织各类身份的出现与建构所呈现的政治维度的思考。这类研究角度着重呈现对组织各类身份的定义对于行动者来说意义何等重大,因为它凝聚了各种各样的利益,这些利益通过行动者之间不对等的互动与对话达成协商(Dumay,2009)。

最后,当前另外一个重要的研究主题涉及组织各类身份的稳定性与变化问题。一些新的研究关注组织身份建构的过程性特征和动力特征,而对阿尔伯特和惠滕为了定义组织身份提出的第三条标准提出质疑,后者认为组织身份更多地是一种静态的建构(参见 Gioia,Schultz 和 Corley,2000; Hatch 和 Schultz,2002)。新近的很多研究致力于描述组织各类身份变化的本质、频率、速度和缘起的特征(参见 Corley 等,2006)。正如焦亚等人(2000)所指出的,组织得以生存的一个主要条件在于它有能力快速适应其动荡不断加剧的环境。因此,学会如何在完全保存自身特性的同时进行改变,这是组织生存的关键所在。从这个意义上来说,最好把组织身份视为一种相对稳定的但又变化着的结构。

走向一种组织身份的制度观

格林(Glynn,2008)查阅了从阿尔伯特和惠滕于 1985 年发表的关于组织身份问题的奠基性论文以来的主要相关文献。她认为,可供参照的定义主要有两大类型。其一,直接遵循阿尔伯特和惠滕的先锋性研究的路径,采用一种本质主义的和标准性的视角,这部分研究最充分(占了所查阅文献的3/4)。按照这样的观点,组织身份存在着,其深层的本质应该成为调查的对象。因此,研究者们尤为关注对可能界定组织"本质"的那些关键的、有特色的且持久的属性进行定位和罗列。而第二类关于组织身份的定义(约1/3的文献),采用功能性的和策略性的视角,相关研究试图聚焦在组织身份是如何作为策略性资源被利用的,因为它为组织成员提供有竞争力的优势,并在他们做出决定和策略选择的过程中为其指明方向。不过,这类关于组织身份的定义和前面一类并不是不可结合的,格林证实,在实践中有时候确实存在这种情况。因此,她建议增加第三类关于组织身份的定义视角,即制度性和关系性的定义视角,它尤其与第一种迥然有别。我们认为这一定义最有前途,它更多地对应于一种关于组织身份的社会学视角,因为它关注身份的社会建构,由此反映出一种反本质主义的倾向。换句话说,它对探究组织独特的特征或品质不那么感兴趣,而更关注在某个场域中组织所占据地位分布的建构过程。这样的研究角度在格林所查阅的文献中并非完全没有,但却相对稀少和边缘。只有1/5的文献明确采纳了与组织身份的制度性定义相对应的研究视角。简短地说,即使某些研究者有时候默默地使用了这样的组织身份定义,组织身份概念的界定也很少用"制度性动力"和"组织嵌入其中的环境之动力"这样的词汇。

按照这种从社会学新制度主义那里得到灵感的研究视角,对组织身份之关键问题(即"作为组织,我们是谁")的回答可能并不是用"标准性"之类的词汇作出的,而更多地是用"组织对某社会类属的归属"这样的表述,换句话说，即组织归属某个社会类属、某个组织梯队，处于某个地位或在某一排名榜中占据的某类位置。把组织身份理解为组织对此进行的一系列确认和宣明，这样我们也许能更好地理解组织身份这个概念。比如，某一学校组织可能会特别作为全球大学100强的大学（如根据上海排名建立的标准）而被验明身份。我们要理解这一点，即组织身份的制度性定义强调既定组织主张宣称自己与其他同类属成员组织的相似性，因为这些同类属成员组织支撑起整个同类属组织身份的形成，这种制度性定义也注重这一组织通过何种制度性机制与现行的且普遍来说具有主导性的那些规则保持一致。在一个既定的组织社会或场域中，这些规则被用来定义这类组织的身份。如此一来，研究者的注意力转向制度环境可能对既定组织带来的影响，关注到其在某一组织场域中的插入与地位，因此，组织身份的制度性定义同样也是一种关系性定义。

格林认为，组织身份之定义的制度性视角对我们理解和分析组织身份有三点帮助。首先，这一视角昭示了众组织建构其身份之原则（参见组织身份的三个古典属性）的过程，它对这一过程给出的解释不是绝对聚焦在某个具体组织上的：这些属性为什么重要、何时重要以及怎样才能得到发展并随着时间推移发生变化？这些属性如何相互补充或者冲突？组织身份之制度性界定的视角认为，能够解答这些问题的正是个体组织身份因素的社交嵌入。具体组织的身份建构过程并不是在一个制度的真空中运行的。其次，确实，具体组织所处的制度环境提供了"原料"，其身份由此出发建构而成。换句话说，某个具体组织的身份建构过程如同一个制度的打造过程，这个组织从其所处环境中找到的意义、符号或价值片段出发，按照自己的方式获取并将之联结在一起。这样一来，就像个体人一样，这个组织寻找一种最优水平达成自我身份区分(参见 Brewer, 1993)。每个组织从中得到灵感来打造自我身份、并因此定义自身特性的符号常常是由相同的因素构成的,因为这些因素是在某个组织场域中大家一起制定的,证实这一点似乎颇具讽刺意味。这就是某些人所谓的组织叙事的独特性悖论(参见 Martin 等,1983)。各个组织从相同的制度因素得到灵感以形成其自己的身份,尽管事实如此,但是因为制度的脚本具有可变调的、可锻塑的和可合并的特点,围绕同一主题可以有多种变化。然而,这类情形能否得到证实取决于研究者所采纳的观察规模(参见 Lahire, 1998)。一旦我们选择了一个广焦目标,我们就不必惊讶地会证实这一点,即除了那些达成协议的身份区别之外,我们常常习惯地认为那些各有千秋的组织文化实际上彼此相当类似。再次,格林所强调的第三种帮助在于这样的事实,即制度有利于组织实现其身份要求。各个组织建构其自身身份所依据的那些制度环境片段不只单单包含一些含义,也包含着实践的脚本,也就是规范性的行动指示、采用那些脚本的恰当方式。总之,制度对组织身份的建构扮演着授予者的角色,但当制度参与具体组织的身份形成的时候,其角色不单单像我们通常认为的那样是约束性的和强制性的。制度对组织身份形成的参与通过三种途径来进行:1)提出主要的身份元素(中心性、区别性、持久性);2)提供文化片段,组织将通过制度性的打造过程来把这些文化片段组合在一起;3)通过一种符合制度逻辑的方式来促进组织身份的建立。

与组织形象和文化相关联的组织身份

组织形象和文化这些概念有时候与组织身份概念联系在一起。我们认为,像哈奇和舒尔茨(2002)那样把身份的建构过程加以概念化,这是至今把这三个概念联结在一起最有信服力的尝试。我们在下面将展开阐述他们提出的组织身份的动力模型,因为我们认为这一模型也和上文介绍的制度性视角相匹配。确实,这两位学者提出的模型着眼于分析组织层面的身份动力机制,详细呈现具体组织的官方身份如何从其成员和其制度环境的不间断对话中崭露头角,而两者之间的这些不间断对话是通过这一组织多种多样的顾客或利益相关者进行的。

具体来说,这两位学者从米德(〈1934〉,2006)的自我社会理论中得到灵感。米德认为,身份或者用他的话语来说,自我,是在主体卷入其中的多重社会关系中自我建构而成的。为了描述自我之自我建构的方式,米德对"主我"和"客我"做了分析性区分,他认为这是自我意识的两个组成阶段。"主我"和"客我"在自我建构过程中被拆开,但是它们都是一个整体——即自我——的组成部分。在这个意义上,自我主要是一个社会性过程,它通过这两个不同的阶段铺展开来。米德认为,"主我"是"人的机体对他人态度的回应",而"客我"是"人本身自觉接受的、从他人态度而来的且经过组织的一套东西"。"因此,'主我'和'客我'联系在一起,对社会情境做出反应,而这个社会情境是个体经验的组成部分。个体自身对他人采取的某个态度,就是他对别人针对他的态度所做出的回应。"(Mead,2006,242)

哈奇和舒尔茨从区分"主我"和"客我"出发,寻找组织与米德话语的类似之处。他们在组织文化和组织形象的概念里分别找到了这种类似性。组织文化概念描述组织成员们公认的价值观、信仰和规范,这些东西被认为是后天获得的,因此常常是心照不宣的,它们可以帮助成员们在所遭遇的事情上达成一致,也可以帮助成员们参照组织的某种内在定义赋予组织以意义。

组织形象概念相当接近假定的名声论,确实,组织形象是由组织成员针对外界人士对此组织的感知所具有的信念来予以界定的(Dutton & Dukerich, 1991)。阿尔伯特和惠滕(1985)已经强调指出,组织在身份建构过程中与其他组织进行比较和与之保持差别,这是重要的事情,除此之外,组织形象概念由此以更广泛的方式凸显出组织所处的环境和其客户观众所具有的关键作用。

因此,哈奇和舒尔茨的理论模式在将组织文化、组织身份和组织形象概念联结在一起的同时,也对它们做了区分。在他们的视角里,组织身份是一个建构过程,通过这个过程,组织的各种形象——组织的"客我"和组织文化——组织的"主我"回到对话和互动之中,其彼此的交互影响充满活力,创建、维护和改变着组织身份。组织层面的身份、文化和形象的联结也许可以分解为图示 1 所呈现的两大运动。

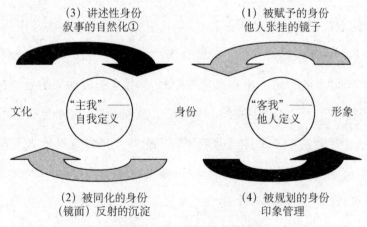

图示 1　组织身份动力模型
(改编自 Hatch & Schultz, 2002)

---

① 叙事的自然化,也就是说,随着时间的推移,组织成员们渐渐把叙事视为自发而生的了,视为事实,而忘了这些叙事本身原本也是建构而成的。——译者注

其中第一个运动用了灰色箭头来表示,象征着镜像(1)和反射(2)的双重过程。第二个运动用黑色箭头表示,指出了自我表达(3)和自我呈现(4)的双重过程。

我们简单介绍下这两个运动过程的四个组成因素。

(1) 组织之外的人员及其"贵宾"如何看待这一组织,这在组织成员们自我感知和自我定义的方式中反映出来(参见 Dutton 和 Dukerich, 1991)。组织的外在形象因此对组织文化产生一定的影响。当然,组织成员也许不接受"被赋予的身份"(Dubar, 2002)或他人递过来的镜子。这里我们又看到库利(Cooley, 1902)为了吸引人们关注各个角度的交互性而使用的"镜中自我"的隐喻。哈奇和舒尔茨认为,组织所感知的自我形象和他人赋予它的形象之间的任何差距都可能激发组织内部的某种反应,或者促使它改变自己的形象,或者促使它改变自己的组织文化以使自己与外界给予的形象相对应。

(2) 组织身份的发展不单单与外界相关人士对它的说长道短或其成员认为外人对自己组织的说长道短有关系,也和组织成员如何理解自己的组织有关系。实际上,组织内部如何解读这些从外界递过来的镜子中反射出来的组织形象,是根据组织内部可用的、关于集体身份的那些界定进行的,这些界定是组织本身文化沉淀的一部分。

(3) 确实,随着时间推移,组织行动者们发展了表达自己身份的话语、方式。他们将自己组织的历史搬上台前,这就是"述说时光",从而走向哲学家保罗·利科(Paul Ricoeur, 1985)所谓的"讲述性身份"。个体们以及各共同体或各群体通过他们自身的叙事、有启发的故事等都投入到他们的身份建构之中,而这些叙事和有启发的故事等对于他们所有人都已经成为其自身实际存在的历史。① 在学校中,尤其在高等学校里发展日趋强劲的市场文化点燃并强化了这一倾向。

（4）组织对外计划表达的身份也投射出组织给外人留下的印象,这反映出戈夫曼(1973)用"印象管理"概念所分析的现象。从戈夫曼的视角来说,身份构成了一种面子、一种呈现、一种在社会互动中的自我表演。组织对外表述的身份确实用于向其客户展现组织形象,这有时候是经过深思熟虑而采用的策略性手段(参见 Alvesson,1990②),因为对负责公关和代表组织对外联系的人来说,这样做很重要,不过有时候通过(组织行动者的)言谈举止和日常行为也可以在不经意间展现组织形象。

具体来说,这些过程是在时间空间中展开的,要思考如何建构和稳定组织文化及组织身份,时间确实是一个重要维度(Schein,1985)。正如塞尔兹尼克(Selznick,1957)所指出的,组织可能随着时间的推移和空间广度的变化而得以制度化。斯科特对这一观点做了如下总结:"组织通过采纳其自身的价值体系,获得一种性格形式,一个身份。组织存续不再是简单的、如何生存下去的工具性问题,而成为为了保存一套独特的价值而进行的斗争。在塞尔兹尼克看来,定义和维护这些价值是(组织的)领导层肩负的主要职责之一。"(Scott,1995,18-19)

学校,非典型性组织

我们上文中谈到的组织身份概念并没有参考学校组织加以思考。而学

---

① 对此请参见有关"组织故事"的文献(Gabriel,2000),这类文献和组织身份与文化关系密切。
② 阿尔韦松(Alvesson)批判性地研究了(组织的)外在形象的策略性作用不断提升对内部管理的重要性,以及组织如何试图通过虚假事件、虚假机构设置、虚假行动等掌控其形象等。

校构成了一类相当独特的组织。人们认可学校的组织特征（Bidwell，1965），并普遍总结认为其组织特征本质上是联系薄弱的（参见 Weick，1976）。工作的科层制分工和各个班级课堂的并行排列，这些都凸显出教师相对独处一方的姿态。学校中基本的社会关系不是同事之间的，而是教师与他的学生们之间的。我们还要强调的一个事实就是，学校里时间的限制非常强，学年划分掌握着其周期性节奏，这使得集体性经验的累积变得困难。而且，学校中运行的等级性结构与"技术性"活动被割裂开来（在外人眼里，教师在自己的班级里有相当大的自主性）。"技术性"活动本身与其结果也是相分离的（教师难以评价自身工作的有效性）。于是，当等级限制和技术论据都不可能在决策中占据上风的时候，行动者之间便必然要建构一种"社会合约"（Duru-Bellat & van Zanten，2006）。换句话来说，从社会学角度来说，只有经过具体的建构工作才会有学校的质量（Cousin，1993）。然而，人们关于教育利益的观念千差万别，对什么是最好的教学方法难以达成共识，这种情形的存在使得行动者之间"社会合约"的建构工作变得复杂。而且，在整个学校层面建立起一种和谐氛围并不一定需要所有人达成一致，我们看到还存在其他的协调方式，比如：拥戴一位有威信的、能够用自己的观念影响学校其他人的校长；避免出现争论和分享场地，这可以达成最低限度的、不太牢固的和谐；或者围绕一些规则和部署达成实用性合约，并依靠它们来实现工作上的和谐（Derouet & Dutercq，1997）。

尤其在法国（我们在后文会看到为什么这样讲），这一领域的社会学专家们总是提出疑问，他们想知道学校是否"存在"。比如杜拜（F. Dubet）在其1991的著作《高中生》中就已经阐述了这一观点。他对8所法国高中进行了研究，在此基础上，他反驳这样的观点，即我们可以把高中看作一个组织。"尽管不同的学校之间存在相似之处,但是高中不能被视为一个鲜明的组织——驱使其成员产生热切的归属意识、产生团体精神、使用某种特有的语言和自身特有的仪式。高中是一个强势的官僚机构,颁有具体的且非人化的规则,它是一个弱化的组织。"(Dubet,1991,208)当然,他也具体指出,每所学校还是有差别的:"每所学校都拥有自己的一种风格、一个历史和一个形象。高中的状况、它的资历、威望声誉、招生,这些总会让它成为一所特别的学校。有时候高中校长的人格会具有这种特别的色调。……每所高中都是不一样的,相同的行政背景并不生产'克隆体'。"(引文同上,211)杜拜作为社会学家在参观这些学校的时候可以直觉地感知到其彼此之间的一系列差别,并列出了清单。"有些学校无疑比其他一些学校更令人舒服、更热情。但是,在任何情况下,要具体界定高中的集体规范和角色,它都不是一个足够强大与团结一致的组织。少数的学生可能全身心投入到高中的生活之中去,但是在这一研究中,从来没有一所公立学校是作为一个真正的社会组织出现的。"(引文同上,213)因此,他对作为组织的学校这个话题做了这样的总结:"基本上来说,一所法国高中仍然是由其顾客、对学生筛选的管理和单纯的学习活动的安排来定义的。"(引文同上,214)

在法语圈关于学校的社会学出现(Paty,1981)30 年之后,大量的研究显示,学校作为集体应该是被建构出来的。而事实上,在法国中等教育中,学校常常只代表一种非实体的行政机构之类,很少考虑到行动者的介入权利,尽管有政治上的指令要求围绕一些计划来调动教师和领导人员的积极性,但这种情形依然如故。2005 年 9 月在阿斯科新城(Villeneuve-d'Ascq)举办的研讨会"学校现场:总结与展望"的闭幕圆桌会议中尤其提到这样的观点,巴里尔、卡曾、杜特尔克和帕耶特(A. Barrère、O. Cousin、Y.

Dutercq 和 J-P. Payet)参加了这次研讨会。

因此,使用来自美国人类学传统的"文化"概念在这里引发了一系列理论问题(Sainsaulieu,1987;Cuche,2005):当代学校和其他任何企业一样,既不是与世隔绝的原始部落,也不是儿童家庭或偏居一隅的村庄,脱不开人间烟火气中的纷争。我们要关心的是不要忽视学校内部不同行动者或不同群体之间的异质性(参见第 2 章和第 5 章)。如果我们想把哈奇和舒尔茨的假设存在一种组织文化而发展起来的组织身份动力模型应用到学校的话,这会是它首先遇到的一个困难。

如果说学校文化的存在需要予以证明的话,学校形象则不会遇到这样的问题。换句话说,一所学校非常可能不需要求助于一种共同文化,也就是说它可能不是因为其自身而存在,而完全是为了其他目的而存在。(从社会学角度来讲,学校质量首先取决于其客观条件,如生源构成、教学计划、可用资源、所追求的具体价值等等,每所学校在这方面存在差异,那么社会学家随之应该感兴趣的是在具体学校里发生了什么,毕竟学生上不同的学校可能因为上述的校间客观条件的差别而接受到多少有些差别的教育,如果说这是人们质疑学校之社会学存在的第一种方式,那么)①确实,质疑学校之社会学存在的第二种方式让研究者重新重视人们所感知到的校间差异问题(Draelants & Dumay,2005)。对此,学校行动者们——家长、学生、教师、高中校长——已经给出了解决途径。事实上,他们(尤其是初中和高中学生的家长们)共同对学校进行了排名,确定了学校等级。等级排序的一端是他们一心想进入、想靠拢的"好"学校,另一端是他们努力逃避或躲开的

---

① 这一段括号里的文字是译者和原作者于戈·德拉朗商讨之后添加上去的,以使文章阐述的问题的逻辑更加清晰。——译者注。

"差"学校。① 范·让丹(Agnès van Zanten)用"极化"一词来指称这一现象(van Zanten, 2009)。虽然对校间差异的这种感知完全是主观性的,但是它仍然导致了不少客观结果的产生(比如隔离、社会不平等在教育结果上的再化合、等级化过程、教育政策实施的制度性障碍等等)。

哈奇和舒尔茨的组织身份动力模型应用在学校问题研究中会遇到的第二个困难是,它高估了组织文化和组织形象的协调一致。然而,被赋予的学校身份与学校自身同化的身份之间完全可能横亘着相对顽固的鸿沟。更成问题的是,我们看到哈奇和舒尔茨提出了强烈的预设,即组织形象和组织文化之间关系出现的任何断裂都反映了组织身份动力机制中的功能紊乱。他们区分了两类紊乱:一方面是组织的自恋,它对自我的定义是单纯内在性的;而另一方面是组织对外界的超级适应,这时候其对自我的定义反而完全转向外界。我们不谈一些极端案例,确实正如哈奇和舒尔茨所认为的那样,组织文化和组织形象之间这些失调的情形在学校案例中发生着。尤其是,学校对环境的超级适应情形似乎更对其身份动力机制做了更新和升级,它在新的、后官僚主义之监管方式的框架中表现强劲。确实,"超级适应"这个概念反映了玻尔(Ball, 2003)使用"制造物"一词所描述的东西,就是说一种"版本",这一版本丝毫不反映组织的某个真实的或直接的问题,而只是对应于组织所制造出来的形象,其唯一的目的就是"可以问责的"。英国的学校就使用这样的行动导向,因为其教育政策致力于制造密集的学校成就指标,以对学校进行监管。在这一背景中,家长们选择声望优越和学术优秀的学

---

① 然而,学校存在共同信仰,且更多地从这样的信仰中得到滋养,即相信学校学生的构成(对学校产生)影响,而不是相信(存在)某种严格意义上所谓的"学校效应"(van Zanten, 2001)。

校的时候会受到一些学校外在因素的影响,如外界期望学校应有的形象、公共政策环境确定的优先领域或限制条款等。确实,玻尔指出,为了接受审查,学校组织要积极把自己改变成一个"便于审查的"产物。①

总之,在学校身份问题上,我们不能满足于假设它存在一种组织身份。因此,在拒绝"所有学校一定拥有一种组织身份"这一假设的同时,我们质疑阿尔伯特和惠滕(1985)在关于组织身份的定义中给出的精髓(所声明的中心特征)标准。更不必说,我们也不能满足于在"正常的"情况下假定学校文化与学校形象一定并行不悖。相反,我们认为,哈奇和舒尔茨提出的理论模型只适用于有限的案例。从这一意义上说,这一模型将学校组织物化,并给予它一种其文化被成员们过度一致认同的幻象,而大多数学校现实中并非如此。在学校中,当其文化与形象匹配度不高的时候,其各类身份的整合度也不强。因此,哈奇和舒尔茨模型令人感兴趣的地方在于,它帮助我们思考这样的问题,即在现实中,是什么因素使得学校具体的身份建构多多少少明显远离这个理想图式,以及什么条件有利于建构一种学校组织身份。

利于学校身份发展的条件

我们假设有些学校因为身处某些背景中或者因为具有某些特征而比其他一些学校更能发展出自己的身份。学校身份的出现不是自发而生的,它需要一些具体的条件。我们从中区分出三类:社会政治条件、制度条件和组织条件。有些条件是必要的,但并不是充分的:这些条件的出现有利于

[①] 关于这个主题,可以参看《Journal of Education Policy》第 24(2)期,"Special Issue: Fabricating Quality: Data and the New Governance of Education"。

身份动力机制的启动,不过它从来不是机械地启动这个机制。在这个意义上,下面所勾勒的那些思考主要希望能启发大家对此进行探索。

与社会政治背景有关的条件

在一个大众化教育体制中,以前在学校外部对学生进行的社会筛选已经变成了学校内部筛选。教育不平等的结果取决于学生所展开的学业生涯和学业历程,要让学生获得有利的社会地位,某些学业历程比其他的更"有成效"。学业指导被认为是其中的重要因素,中产阶级家庭的看法尤其如此,他们会使用择校和学区定居策略(van Zanten,2001)来达成所愿。学业文凭的通货膨胀进一步加剧了这一倾向,文凭成为人生职场必要的通行证,但它却越来越不足以保证找到工作,在失业率居高不下的社会经济背景中更是如此。

在这一背景中,学校成为一个需要使用手段和策略的场所,不仅从教育体制使用者的角度来看是这样,从政策监管的角度来看也是如此。确实,因为权力下放政策的推进和给地方施加的压力增大,学校成为政策实施的一个关键场所。这种情况的发生基于这样的信念,即如果在地方水平上做出决策,那么这些决策将更接地气。对于学校来说,这一点具体表现为学校自主性得以加强,政府指令学校进行人员、物资调动,制定自己的计划,有时候赋予学校领导层更多的决策权力来完成这些行动。学校成为策略之地,这样的变化在"后官僚主义"的监管模式中具有意义。这种监管模式在20多年前出现,或多或少影响了一些欧洲国家(其中包括法国)的学校政策表述(Maroy & Demailly,2004)。它介于新自由主义论和社会—民主主义论、市场论和官僚主义政体观之间,包括两个变量:"国家—评价者"和"准学校市场"。第一个模式是法国当前采用的。在法国,随着全国水平上教育管理中发生的变化,评价已经成为一种主要的监管工具(van Zanten,2004),这一模式重新分配了国家和地方行动者们的角色。国家倾向于通过确定任务、目标和标准来掌控对整体方向的策略性核查,国家确定的任务、目标和标准有助于对学校教育体制的"成绩"进行评价,而对核查手段的管理则更多交给了分散到地方的教育管理者。这种政策导向要求学校教育体制的核查和监管方式必须进行改变:与官僚政体进行的评价不同,公共评价更多地针对结果而非过程。在"准市场"模式中,和第一个模式一样,学校教育体制的目标和教育课程内容是由中央确定的,同时地方当局被赋予很大的自主权,它们能够选择最恰当的手段来实现这些目标,不过与之相反的是,对这些目标达成情况的核查在某些程度上被交给学校体制的使用者来进行。确实,"准市场"导致了家庭对学校的自由选择,并结合按照学生人数对学校划拨财政资源的做法。最终,学校体制的"消费者们"从国家那里获取关于不同学校之成就的信息,他们被放在对学校服务的"生产者"施加影响的地位,而学校和教师就是学校服务的"生产者"。确实,为吸引生源(客户)而进入竞争之列的学校不得不重视教育使用者的各种要求和喜好。人们认为,从理论上来讲,这种竞争压力改善了地方(学校教育)机构的运转方式,并由此保证了其所提供的教育服务质量。

我们假设,后官僚主义的监管方式影响着或最终将会影响学校的运转。我们认为,对于校长来说,首先非常可能出现的一个结果,也许是掌控外界对学校组织的印象会越来越成为一项决定性任务(我们在上文中看到在英国已经如此了)。学校确实处在一种竞争的空间中,每所学校都努力让自己具有魅力,以吸引最多的"好"学生或留住最"适合学校学习"

的学生群。为达此目的,学校发展了两种类型的策略:一方面是"外在"策略,属于市场(营销)类型,目的在于推销学校(广告、学校介绍板、开放日、提供稀有内容的教育等);另一方面是"内部"策略(班级构成、教学法、学科等)(van Zanten,2006 和 2007)。随着对学校教育结果进行外部评价这样的风气的上升,我们也可以考虑会出现一种倒转的结果:学校也许不再继续作为弱联结的体系长期运转,校长和教师们获悉对自己教学结果的评价——这被视为潜在的身份威胁(Elsbach & Kramer,1996)——以后,也许会尝试在规划的学校形象和内在的组织现实之间寻求一种更高程度的和谐。

制度条件

学校监管形式的改变是在国家框架下的具体制度环境中发生的,因此重要的是要把握一些具体的地方空间中出现的多种多样的变化,以及这些变化对学校身份形成的潜在影响,而不是止于描述这些变化的趋同性(Maroy & van Zanten,2007)。

比如,虽然 20 多年来法国政府出台政策鼓励学校制定自己的发展计划以及集体调动,但是法国的研究者却证实,学校仍然更多的是一种行政单位而非有意义的行动者集体(Cousin,1993),我们认为,这是因为在法国,公立教育体制的组织方式集聚了一整套不利于形成显著学校身份的制度条件。

勾勒制度环境的社会安排[①]确实组成了学校现实的一个维度,并助力

[①] 这里的社会安排涉及教育体制的监管方式、教育制度规则等等。比如,在法国,就近入学政策在很大程度上决定了学生的就学注册方式,教师招聘由全国统一管理,学校里教师具有相当的教学自主性等等。这些都构成了法国学校所处的制度环境。——译者注

于行动者游戏的结构化和框架化,也就是说其"监管着"学校行动者行为,行动者们在这个制度布景中行动着并定位自己。我们并不着力于详尽刻画这一制度环境,而只是考虑其主要特征中的两个,至少到最近,这两个主要特征在法国公立初中和高中之组织身份的建构中明显扮演着阻挠者的角色,它们就是:以一种相对中央集权的方式为基础建立起来的学校体制,以及通过就近入学制进行的入学需求调控(Payet,2005)。比利时在这两点上和法国的情况完全相反,对这两者进行比较可以帮助我们更好地把握制度条件对学校身份建构的影响。

如果我们仔细观察比利时学校体制起源的话,就会发现,和我们看到的法国的情况相反,其教育政策领域最初型构的特点在于"公共垄断"水平非常低。在比利时,教育自由是基本的原则,这一点被写入首部宪法(1831),这是其教育体制立足的基础。这一原则承认双重自由:所有人有组织教育、开办学校(提供教育)的自由,以及家庭有选择希望孩子接受何类教育并因此选择学校(教育需求)的自由。

从历史上来说,选择教育的自由植根于比利时认可家长有权为孩子选择教会学校或世俗学校。然而,随着社会的变化(世俗化、个体化的增强),这种自由的含义逐步从一种哲学性的自由走向了一种商品性的自由。在比利时,研究者发现,自由择校的制度性背景扩大了学校声望在招徕学生上的作用,因此学校管理好自己的"组织形象"成为重要的事情。家庭选择哪所学校是依据学校"声望"进行的。自此,学校之间的竞争将按照其能否在家长那里发展出"良好声誉"铺展开来(Zachary & Vandenberghe,2002)。相反,我们可以做这样的假设,即长期以来,法国通过就近入学制度对入学需求进行调控,这种做法限制了学校之间的比较和竞争,即使少数熟知学校教育体制的、活跃的家长会想方设法绕过这种调控,情况依然如此(Heran,1996;van Zanten,2001)。不过,2008年以来,法国的就近入学体制已经显著弹性化。

需要指出的是,就近入学制度不仅有效管理着学生入学,也影响着教职人员的调动分配。20世纪80年代初,法国开始进行学校教育体制的权力下放,然而,和我们在其他国家,尤其在比利时观察到的情形比较来说,其权力的下放仍然是相对的。在资源管理上(比如人员招聘等)给予地方实体(机构)的自主程度仍然有限。校长不可能选择自己的教师,来打造一个完全有准备的团队展开他可能想做的一项教育和教学计划。这种人员调动体制附着于人员整体轮换的制度上。① 对于具体学校来说,这种状况使之似乎难以在成员中发展一种对学校的身份认同感,难以建构一种*组织文化*。确实,一种组织文化得以形成的最低条件是时间条件。沙因认为(Schein,1985),我们可以把文化一词应用于任何社会单位,其规模大小不重要,只要它有机会领悟关于自身和环境的观念并将之稳定下来就好了,这意味着这一群体共同经历了相当多的经验,这些共同经验界定了一段共同的历史。

实际上,通常来讲,在法国的公立学校体制中,学校的同事们,尤其教师们不太会因为同属于某个学校而自我定义,他们会更多地按照是否与同事们接受过相同的职前学科教育而自我定义(Payet,2005)。但是,最近的研究表明,工作背景在感知、体验和实践教师职业的方式中扮演着关键角色(van Zanten,2001;Duru-Bellat & van Zanten,2006)。在"困难"学校工作的教师们感觉和在"重点"学校里工作的同事们做的不是同一份职业。然而,这里(发挥作用)的关键因素似乎更多的是学校的人员组成、学生类型,

---

① 校长本人是按照任职年限的逻辑被任命的,原则上他在同一学校任职的时间不能超过9年。

而非单纯意义上的学校。

组织条件

但是制度条件不足以解释学校组织身份和文化的创建。我们可以区分出学校自身水平上能够影响其发展的条件。首先,我们上文刚刚阐述过,学校师生的社会和学术构成类型显然扮演着重要角色。就这一点,我们可以提出假设,即位于学校等级排行榜两端的学校,也就是客观上有别于其他学校的学校,如"精英"学校和"困难"学校两个极端类型,这些学校尤其能够发展一种具有自己特色的身份。在最尊贵的、声誉鹊起的"精英"学校,学校文化和形象构成了一种需要管理和保存的、重要的符号资本(我们在第3章还会谈到这个问题);而所谓的"困难"学校集中了来自社会不利阶层家庭的孩子,家庭给予这些孩子的社会化远不足以让他们做好准备,来面对学校传统上期待他们完成的学业要求。普遍和这类学校联系起来的刻板形象无疑在这里也尖锐地提出了其身份建构所面临的挑战。我们在任何情形中都知道,外界认为,在"困难"初中任职的教师们在工作中不可能用到什么理论知识,面对这样的贬低,这些学校的教师更倾向于依靠同伴们的看法和建议来应对这样困难的工作情形,因此群体成员之间关系的融洽构成了其自主调控工作的一个重要维度(van Zanten,2001)。具体来说,我们以为,学校内部的教师合作是学校里生成共享认知及有意义的校本动力机制的组织条件之一。而且,校长的领导风格同样重要。比如,一名心仪教学革新计划的校长可能在学校内激发集体动力投入改革之中,并促成学校文化规范的建构。我们认为,受到学校重视的教育模式同样会影响学校内部人员之间的关系,并最终影响组织文化。我们特别想到"家庭式的"或"共同体"教育模式①(Derouet，2000)，我们往往会在私立天主教教育中找到这类教育(Da Costa，2006)。最后，在要考虑的组织条件中，学校的*地理位置*似乎同样重要，因为学校与其环境之间的关系部分取决于此。比如，与农村区域相反，在城市区域，一般在同一地域空间里学校高度集中，因此相比农村区域来讲，城市区域提供的学校教育更多样化，学校之间的潜在竞争也更强。

小结

本章的目的在于介绍组织身份概念，并探索性地探讨其在学校分析中的适切性。我们已经看到，这并不是显而易见的。一方面，组织社会学告诉我们，学校是弱联结的组织；另一方面，学校社会学对学校自我界定为有意义的教学和教育单位的能力满腹疑问。从这些被证实的情况出发，我们对组织身份概念所立足的某些理论假设提出质疑。我们反驳那种认为每所学校都会自动拥有某一具体身份的观点，而维护这样的看法，即将组织身份这一概念转用到学校是否恰当，可能要看一系列的社会政治条件、制度条件和组织条件，它是随这些条件的不同而变化的。目前，这些条件仍然很少能全部满足。在一些国家，这些条件比其他一些国家的要好一些。比较来看，与法国相比，英国和比利时教育体制的制度监管方式更能鼓励各个学校百花齐放。而且，一些类型的学校比其他类型的学校更能够发展其组织身份，我

---

① 在这样的一种模式中，学校教育首先的目标在于(学生)性格的养成，或如今大家更一致地使用"知存"一词来指称的东西。"公民性"角度定义的教育是给予每个人普世的教育，也就是培养其智力，而忽视个人(的东西)，如其身体、感受性等；家庭式的教育旨在提供一种整体的教育，着力于平均发展学生人格的各个不同构成因素。

们上文中勾勒了"精英"学校及作为其反衬方的"困难"学校,我们觉得,私立学校的案例在这方面同样有独特性,"热情高涨"的学校也是如此(杜拜、卡曾和吉尔门特把那些自愿努力将自己定义为学校①的学校确定为"热情高涨"的学校)。最后,我们支持这样的观点,即考虑到家长为孩子择校的需求给学校带来的压力加大,尤其是考虑到教育政策的发展变化倾向于在教育体制监管中赋予学校关键地位,在学校问题上使用组织身份概念,这样做可能会越来越具有启发性。换句话来说,我们证实,影响当代教育体制的深刻变革将会使得学校身份概念更适合用来分析学校围墙里面发生的事情。

---

① 这里的"学校"是社会学意义上的学校,是彼此发生各类互动的行动者们的场所,而非单纯的制度单位。——译者注

第 2 章　学校文化

　　前文中我们主要关注组织身份概念。正如我们指出的那样,这个概念蕴含的启发力在于这样的事实,即它可以帮助我们把制度层面发生的变革(学校教育监管形式以及教育认知观念上的变化等)和学校组织内在的现象联系起来。在这一章,我们关注的这个概念常常与组织身份概念联系在一起,甚至有时候在组织分析中会取而代之,这就是组织文化概念。我们的目标是对这两个概念的特性做一番深入探究。虽然两者都注重把组织视为一个社会性和认知性体系(而不只是一个关于劳动分工和协调的理性体系),但是它们对组织的解读和分析是不同的,我们后文将会再谈这个问题。

　　我们首先简短回顾文化概念的历史,重置文化和身份概念的相对位置。我们会看到,如果说文化概念的出现和人类学紧密相关,那么在组织分析中参考使用这个概念展开研究则是从 20 世纪 80 年代开始不断获得成功,并在 20 世纪 90 年代末稳定下来的。我们还将阐明,组织身份概念的成功运用就没有那么直接,且更晚一些,它是在 20 世纪 90 年代得以普及,自 21 世纪初以来日益受到重视的。

　　这样的讨论引导我们思考控制和改变组织文化及身份的可能性。这种可能性确实在组织身份概念的出现和发展中构成了绊脚石。沟通传播理论强调文化根本上的迅速发展性和过程性,应用在组织上的新制度主义看重行动者对本地土生土长形成的规范的自然化,从这两者的视角来讲,我们认为必须小心谨慎地思考文化控制和文化变革。

文化概念的起源和发展

文化概念最初的理论发展离不开北美的民族志研究,也就是一般所谓的文化人类学。20世纪30年代在这一领域扩散开来的文化决定论关注人类吸收和体验自身文化的方式。研究者们假设属于同一文化的个体们分享同一套价值观和行为,这套价值观和行为将他们统一在一起并与其他文化中的个体区分开来(Cuche, 2005)。文化决定论是"文化与人格"流派产生的基础,这一流派是北美人类学的主流,其中重要的学者有本尼迪克特(R. Benedict)、米德(M. Mead)、林顿(R. Linton)及卡迪内(A. Kardiner)等。他们都多多少少认同这样的观点,即某个社会的文化与其成员的人格之间存在一种联系,因为他们在儿童成长时期都分享一些共同的经验。

除了"文化与人格"流派之外,文化概念在功能主义(Malinowski)、结构功能主义(Radcliffe-Brown)、符号人类学(Geertz)或结构主义(Levi-Strauss)等各种人类学流派中也占有一席之地。而且,文化概念很快跨出了人类学范畴,我们在社会科学的很多领域都找得到它的踪迹(Cuche, 2005)。这个概念被阿吉里斯(Chris Argyris)引入组织理论框架之中,他于1957年出版的著作《人格与组织》在日后成了经典。阿吉里斯在此书中提出了一个观点并提供了经验资料,这个观点认为,要理解个体对其组织的态度和行为,要看组织对雇员的文化期待和后者表现出的人格之间是否适切,这一点尤为重要。然而,如果我们参考社会科学主要的书目数据库,就一定会发现文化概念不是一上来就得到强烈认同、如日中天的。从1953—1961

年,只有一些研究参考使用了这个概念,然后它就消失了!文化概念在1975年、1979年和1982年的描述符、题目或关键词中只出现了一次;1983年,重点杂志《行政科学季刊》就这一主题出版了一个专号,组织文化概念获得了真正的学术尊重;1983—1986年间,这一领域中的其他一些主要学术杂志(《管理杂志》,《组织研究》,《组织动力》等)发行了专号,各自确认了组织文化概念的概念地位;随后,这一概念于1998年达到成功之巅;在21世纪的最初10年里,虽然运用组织文化概念进行的研究仍然很多(每年平均有70—80篇论文),但其声望有所下降。

斯米里奇(Smircich,1983)着重指出,与文化概念多少有些关联的人类学研究视角仍然是多种多样的,这一概念在组织领域的表达途径也同样多种多样。文化概念有时候(被用来)在一种比较的视角(最常见的是国家层面上的)中反映组织行为的某个解释性变量,这一变量是通过成员的习惯和实践被引入到组织之中的;有时候则(被用来)反映组织系统对其环境的适应结果本身。这第二种视角很大程度上是工具性的,在这一视角里,文化信仰体系与组织的领导配置、结构和技术都被认为是描述组织的参数,文化是有可能加以控制、管理和发展的一种组织构成要素。

然而,斯米里奇指出,在组织理论中运用文化概念同样也得以让人们有机会反思组织性质本身。心理学家维克(K. Weick)在20世纪60年代开始围绕组织过程做了探究,照他的思路,组织被描述为被成员们共享的表象之网、成员行为的组织者和工作协调的来源。按照优先认知论,这要么是通过行动者之间的言谈、话语和沟通来把握社会互动中出现和更新的意义之社会建构,要么是把人类认知理解为一套心理结构来加以强调,这一套心理结构通过把感知到的信息整合到个体所具有的图式中而帮助个体对这些信息进行整理和解释。如果我们更看重组织现实的社会建构，那么仍然在解构组织概念的视角里。有一种与上文类似的思考路径则把组织描述为符号和图像系统，并提出这样的观点，即组织中的领导过程根本上就是创造意义的过程，而这些意义创造过程是在组织所标示的图像、符号和仪式中呈现的。

不论组织研究取道哪条路径，文化概念显然都特别迅速地获得了学术可信度，以至于它在短短几年时间里就无可争议地成为了一种分析范式。阿尔韦松认为（Alvesson，1990），它的成功是由多个原因促成的，其中有学术领域本身的原因，也有社会发展层面上的原因。他指出，如果说文化概念的广为人知与学术界对功能主义和客观主义范式日益加大的不满，以及学术领域中的内在权力关系和地位的再构（在关于组织的研究中越来越看重管理科学和管理流派的地位）不无关系的话，那么它同样与把日本企业的成功推向前台的艰难经济背景有关，且与我们当代社会中劳动之蕴意本身的变化有关。

然而，我们要强调指出的是，文化概念在组织领域受到重视，这并不是一蹴而就、轻易达成的，尤其当我们从工具性视角来看待组织文化的时候更是如此。确实，我们必须要承认的是，文化概念的理论价值不一定与其实践价值对等，且从工具性视角运用文化引发了很多问题。第一个问题就是，这一视角再次引入了组织的理性观，即认为行动者之间的社会关系和激励他们的、对组织的共同认知是可以加以掌控的对象；第二个问题就是这种视角以某种方式否认组织文化的迅速发展特征和感应性特征。我们在后文中还将再次谈到这些问题，这里先回过来看看文化概念在学校领域中的运用。

文化概念与学校

文化概念对于学校来说并不陌生,至少当我们泛泛界定这个概念,没有把它具体地和组织背景捆绑在一起的时候是这样。学校确实长期以来被认为,并且继续被局部认为是文化传递的一个媒介,被理解为一个社会的"共有库存",它集合了诸如"有区别的、精神的、智力的和情感的特征"。涂尔干尤其赞同这样的学校观,他认为学校的目的就是"解救失常的社会,消除紊乱,培养能够辨别和接受普遍利益的人"(Meuret,2009)。学校是一个独特之所(Karpik,2007),我们似乎更容易通过"文化"和国家对之进行协调,而非通过其自我监管机制。

然而,当我们参照"组织文化"这个更具体的概念,努力将文化概念与学校组织更紧密地联结在一起的时候,我们必须要承认,组织文化概念难以让我们考虑到学校组织如此独特的特征。在其最常见的含义里(参见 Schein,1985),组织文化概念指称"一套基本公设,这套公设是由某个群体为了直面外在适应问题或内部整合问题而发明、发现或发展的,这些公设被广泛验证为是有效的,并因此被认为是解决问题的正确思考方式和行为方式"。因此,它普遍重视组织成员对安排工作所依据的那些价值观、认识和规范的共同分享,且重视组织中涌动着的团结一心,而关于学校的社会学分析则把学校描述为一种弱联结的体系(Weick,1976),其特点在于其(外在的)地方性协调发展不足以及内部的不匀质性显著。

组织文化概念乍看起来似乎不适合用在学校分析上,但是这并没有阻止一些学校社会学家们运用文化概念来研究学校问题。沃勒(Waller)在这一点上算得上是个先锋。确实,这位美国的教育社会学家认为,学校就是教师们围绕职业规范的界定组织而成的微观社会,它们释放自我,但多少带着官僚逻辑所载负的普世性判断之标准的威力。沃勒(1932)认为,校本职业规范的出现与师生之间潜在冲突的解决有关,这些规范是他们自己以次级文化形式建构起来的,而这些次级文化包含部分与学校规划不相容的价值观。因此,教师在来自学生次级文化的抵抗与学校的官僚规范之间受着折磨,而校本职业规范的形成似乎就像在这两种压力形式之间找到的一种调解形式。

沃勒的研究显然包含功能主义的一面,有助于阐明学校文化肩负的、或可能肩负的潜在功能,另外一些围绕文化概念进行的教育研究则与之相反,它们提供了另外一种更具理解性的论调。比如,安本和其同事的研究(Yasumoto, Uekawa 和 Bidwell, 2001)表明,尤其在中学里并存着若干次级文化,这是中学的特点所在,这些次级文化很大程度上是按照所教授学科划分的。他们的研究让人们看到,学校既不是单纯的弱联结体制,也不是由所有教师共同的信仰和价值观加以巩固的同质整体。

范·让丹(A. van Zanten)没有直接使用文化概念,但她的研究也证实,学校里工作上的社会关系是由教师次级共同体来安排和划定的。对教师来说,同辈群体的影响在郊区学校更大,因为官方要求和真实情境之间存在很大差距,而由于学校领导层对教学的卷入不足,以及教师们和非教师人员之间协调不畅等问题,情况更是如此。她发现,教师之间的关系划定不是围绕着其所教授学科组织起来的,而更多地是由两代教师构建而成的,他们每一代人都有不同的角色。一方面,"老教师"倾向于扮演一个"全面(照顾者)"的角色,依靠同事们来打造一条持久的团结前线;另一方面,"新老师"

们则更多努力保留一份自主性,这份自主性得以建立的基础是更具体划定的职业能力以及和同事们保持部分的及有限的协作。

另一些研究更多地从规范性视角入手(Tilman & Ouali, 2001),研究者们与范·让丹隐去校长作用的研究倾向不同,他们强调校长的作用。他们认为,学校领导可能是一个真正的学校文化活力启动器,他可以激发教师们的归属感,并和他们一起做出决定。这些研究常常自诩为"学校改进运动"研究思潮,其目标在于描述学校的特征和管理模式,以促进学校体制的改变。

学校文化,变革之源?

罗恩和其同事们(Correnti & Rowan, 2007;Rowan & Miller, 2007;Rowan, Correnti, Miller & Camburn, 2009)最近进行的一系列研究也自称"学校改进运动",要理解面对组织变革和学校改革的制度化学校扮演何种角色,这些研究尤其令人感兴趣。罗恩和其同事们描述了美国20世纪90年代政府采纳的三次学校整体改革对改变教育实践带来的影响,其目的就是更好地理解这些改革的建构和实施方式是如何影响教师实践的。这三次改革分别是"加速学校计划"(Accelerated schools project,ASP),"美国选择项目"(America's choice program,ACP)和"全体成功(计划)"(Success for all,SFA)。这些改革之所以被选为研究对象,是因为从作为学校组织的变革模式的角度来说,它们彼此之间有明显不同。比如,他们所研究的第一个改革ASP的建构和实施机制是建立在这样一个观点上的,即因为改革成为学校集体讨论的内容和教师们争论的对象(这有助于迅速改变教师们对自身工作和其意义的认知),改革将会有更大的可能达成目标。罗恩和其同事们认为,ASP因此可能依赖的是一种文化类型的实施方式,而另外两个改革采用的则可能是其他的改革实施机制。ACP看重地方干部或教师的作用,在改革实施过程中对他们进行集中强化培训以让他们了解改革的原则和方法,而SFA则在具体实施中对教学实践的展开加以严苛规定,这种规定几乎不可能让教师们有个体和集体反思的空间。因此,罗恩和其同事的研究至少间接地提出了文化变革问题,而这是通过把文化类型的改革实施模式带来的结果和专业类型或严苛的过程控制类型的实施模式带来的结果进行比较来完成的。

　　这三个改革项目中的第一个加速学校计划(ASP)是哈利·勒温(Henry Levin)在斯坦福大学建立的。其发展是围绕着这样一个理想展开的,即通过"有力量的学习"这一途径向接收贫穷孩子上学的学校提供有质量的教育。所谓有力量的学习,就是孩子通过解决在复杂的、创造性的现实背景中存在的问题而展开学习。罗恩和米勒(Rowan & Miller, 2007)认为,ASP设立了一种文化控制,也就是说它传递着一套价值观,其目标在于让教师和地方共同体在教学实践中践行这些价值观,但却不对他们强加或规定明确的教学规范。教师们被呼唤合作起来,以在当地共同找到学校教育某些难题的解决之道,并搭建一个和谐的实践系统。这一实践系统应该尊重地方特性,且多多少少与"有力量的学习"的思想保持一致。从根本上来说,能够达成工作上的协调,这取决于教育同行们和他们对教育小组的投入,取决于地方共同体和改革计划所蕴含的价值理念。这一改革计划没有向教师们强加一些学习目标和教学实践模式,而更多地是让他们找到自己的方式和路径来解读"有力量的学习"是怎样的。它强调革新、看重冒险精神和围绕这些价值理念进行集体决策的过程。

第二个项目美国选择项目（ACP）是由美国国家教育和经济中心（NCEE）在20世纪90年代末发起的，NCEE是一个非功利性联合会。这个改革项目的目标整体上与ASP相同：提高贫穷学校的英文和数学成绩。项目从一种新的书写教学观出发，并建立了一套严格的课程和明确定义的教学实践。2001年，145所学校参与到这一项目。罗恩和米勒认为，此项目的实施策略属于一种专业控制类型。实际上，以明确定义的课程为依托，此改革为教师们制作了相应的培训（尤其以工作坊的形式）和辅导训练，以促进他们理解吸收新的教学目标和实践。因此，在这一改革项目实施的过程中，教师之间工作上的协调是迫于专家、改革辅导者或顾问们提出的"工作要标准化"这样的要求所带来的压力。

最后，全体成功（计划）（SFA）的提出源自约翰·霍普金斯大学的约翰·斯莱文（John Slavin）所做的研究。和ACP完全一样，这一改革计划是以一套严苛的课程为基础的。但是，与之不同的是，它以课程脚本或每周计划的课程顺序这样的形式来进一步对教学程序加以说明。为什么必须要在这一点对教学脚本做出具体说明，这是因为各个学习段落实际上会运用到多种教学策略（比如明确教学）、理解策略、合作教学，或者需要一些时间让学生对基本的学习和能力做出反馈。这些标准化的教学计划配有教学辅助材料。罗恩和米勒（2007）把SFA（在教育实践中推行的对教师工作的控制类型）描述为程序型的控制，它建立在把教师实践标准化和对其工作的一致性进行控制的基础上。

有意思的是，罗恩和其同事发现，参加ASP改革项目的教师们在实践中和对照组教师没有什么区别，相反，参加ACP和SFA的教师们在实践中则与对照组的不同。因此,依托学校本地的集体能力来定义自己的教学导向的文化"控制"策略无助于显著改变教师实践,而专业控制或程序控制策略却达成了这一点,尤其是在这些策略规定性最强的时候。

文化,抵抗外来改革的因素?

另一些在学校教育领域进行的研究甚至走得更远,这些研究表明,教师们对学校和自身工作等的看法,或者从认知论视角来说所谓的教师们的文化系统,可以阻碍或者至少减弱教学改革或组织改革的实施和被接受度。科伯恩(Coburn, 2001)研究了加利福尼亚地区一些教师集体对阅读教学相关政策的适应性掌握情况。她对一所小学的案例进行研究,力图剖析教师如何一起协商缓解改革压力,以及他们如何解读加利福尼亚当地与阅读学习有关的环境给出的信息。她的研究基于双重假设。首先的一个假设是,在针对教学改革的意义创建过程本身和最终赋予教学情境及相关政策的意义中,教师之间的互动和交流网络的性质与结果起着重要作用;第二个假设是,不是教师们每一次交谈都能提供条件让他们集体投入改革和进行思考的,而某些条件则有助于建构他们之间的对话以促进他们对改革的投入。

科伯恩区分了三种教师针对教学改革的意义获取过程:通过互动来建构和协商对某个改革问题的理解;针对环境中呈现的信息,教师们守住自己的底线或加以选择;以及针对具体的改革实践和技术细节进行协商。关于第一个过程,科伯恩观察到,当教师们遇到与阅读学习有关的一条新要求(如"使用评价来支持教学展开")的时候,他们试图通过小组讨论来进一步理解这一要求。这个过程深受每个教师小组所持有的"世界观"的影响,因为对这一新要求的理解取决于教师对本职工作的认知,而这些认知有助于让教师们进行集体协商来赋予这一新要求以意义。至于守住底线,研究者观察到,改革提出的要求很多,最终教师们要从中进行选择来为自己提供明确而容易理解的教学改革指南,因此,教师们会深度处理其中的一些要求,而另一些则被认为是多余的或可以完全置之不顾的。科伯恩对教师们在彼此交流中解释为什么没有选择某些改革要求时所引用的论据进行了分析,发现他们使用的这些证据显示,某些教学改革要求和既定学年的教学安排不适配、对学生来说难度太大、和自己的教学哲学观相悖、难以理解或接受、和课堂组织实践冲突或者某些改革措施难以管理等等。最后,教师之间针对实践细节和技术细节进行的协商反映了他们针对教学改革的意义创造和行动之间的联系,其目的在于就教学材料选择、课时安排或如何聚合学生等问题达成共识。如何把改革要求转化成为课堂实践,这也同样受每个教师的世界观、其先前已有的实践经验的影响,而他和同事们针对某些改革要求共同协商达成的意义建构对此也产生影响。为此,科伯恩采用了一个教师选择是否使用图像来说明某个文本的案例,如果他选择不使用图像,那么这反映了教师看重阅读学习的"语音"模式,而在另一个情况下,则反映出教师喜欢另外的学习模式,即他认为文本只是帮助学生赋予某一既定情境以意义的其中一条线索。

　　科伯恩的研究确实表明,在影响意义获取过程的那些因素中,教师之间的关系结构起着关键作用。其影响力通过教师们持有的关于世界的"观念"和教学理念上的差异程度得以反映。在正式的互动背景中,教师们是每年聚合在一起进行小组学习的。这样的小组有时候集中了世界观不同的教师们。在非正式的互动背景中,研究者发现,教师们倾向于向与自己的世界观相合的同事们请教。她观察到，在非正式背景中的互动中，教师会更多生发出对彼此的支持，但这样的互动也更为保守，因为虽说正式背景中的互动不利于教师间沟通，却能提供珍贵的机会，让持有不同观念的教师们进行对质和协商。除了教师们所持有的观念的差异程度这个条件之外，其他条件也在不同的背景中影响着教师对教学改革的参与和投入。比如，科伯恩认为，教师之间交谈的特征本身是重要的，尤其是这些交谈的结构化程度以及它们与教师工作实践和认知的联系。在改革框架下发起的教师活动和交谈是结构化交谈的案例，因为这些教师交谈是在学校领导团队的询问下组织进行的，领导团队是带着明确的目的和明确期待的结果向教师们进行询问并引导着整个提问过程的。然而，领导团队建议教师进行的某些活动似乎难以激起教师们对自身实践和认知的讨论与质疑，比如那些和学校活动规划或教师自评有关的活动。科伯恩解释了为什么教师们对教育改革参与不积极，是因为领导团队组织的这些交谈和讨论的目的与教师的课堂活动几乎没有什么关系。因此，教师对改革的淡漠可以从这些交谈的特点上得到解释，这类交谈中涉及的内容是人为的、浅薄的，使用的是"应景式的语言"，这些集体性的讨论常常着重达成的是一种象征性的改革实施。在研究者所观察的 27 个由领导团队在改革框架下发起的交谈中，有 12 个引发了参会者的泛泛而谈、马虎对待。因此，似乎在正式的互动背景中，要促进教师严肃认真地对待所讨论的内容，就要给予他们结构明确的任务和恰当的讨论主题。但是，科伯恩几乎系统地观察到这样的现象，即在非正式的互动背景中，教师们会严肃对待交谈主题，并关心如何在讨论主题和课堂活动之间建立联系。然而，我们要重申的是，这些在非正式背景中进行的交谈是在那些世界观相近的教师们之间展开的。因此，认真对待非正式背景中的讨论主题，常常有助于巩固这些教师先前就有的工作实践和认知。由此看来，在正式背景中对教师们的世界观和工作认知提出质疑似乎是更现实的做法，只要领导团队建议的讨论对象对教师是有意义的（不论其最初的工作实践和认知如何），且只要他们进行的反思是有章可循的并能融入到某个"现实的"议程之中就好，因为要改变教师们的工作实践和认知需要时间。

有趣的是，科伯恩的研究颠覆了罗恩和其同事们在研究中采纳的推理方式。后者从工具性角度试图把学校文化的改变过程当作一种变革的抓手，而科伯恩则强调学校里的教师们对工作和学校的普遍认知对外来教育改革的抵制作用。她的这种论证方式无法不让我们想起朱克（Zucker, 1977）在其组织制度理论中所展开的论证。朱克的组织制度理论确实维护这样的观点，即某个组织的既有文化之所以倾向于坚持不变，不是因为组织规范被所有成员认同，或者因为因循守旧能带来好处，也不是因为组织成员所抱持的认知和工作实践是自然而然的，而是因为组织成员们通过自己的行动使社会现实运转起来并被推至前台，从而和它在组织里建构而成时不差分毫，同时就这样给它打上自然的、自发而生的特征，传递给其他成员。换句话说，在组织成员看来，制度化了的行动是客观的和外在的，也就是说这些行动是脱离（成员自身主动参与其中的）社会建构过程的，而这个社会建构对于他们而言是有意义的，这就是它们（这些制度化了的行动）难以改变的原因。

反对留级政策在实施中遇到重重困难，完美地证实了上述论点。留级是班级委员会在学生失败的时候可能做出的行政决定，从教学角度来说，它被认为是一种无效的和有害的做法，文献考察表明，很多相关教育研究都支持这一结论（参见 Crahay，2004 年做的一份综述），但是，反对留级政策却激起了民众的抵制。为了理解由此反映出的社会对留级做法的迷恋,德拉朗(Draelants,2009)认为要考虑到留级实践之被制度化了的特征。那么,这意味着要把留级作为一种教学—组织机制纳入到学校规定中去,它在其中就像人们认识问题和行动所依据的一个参照那样发挥作用。因此,在禁止留级之前,"为那些学业失败的学生做些什么?"这一问题并不成为问题:留级是一个现成的答案。当整个标准答案缺席的时候,教师要为此想出其他的解决途径,这使得他们的工作变得特别复杂。被制度化了的实践做法所呈现的一个特征就是如此,它本身构成了其自身改革的藩篱(Powell & Dimaggio,1991)。即使被改变了甚至被取消了,被制度化了的实践做法仍然继续运行着,其影响不会立刻烟消云散(Archer,2004),若各机制(制度)彼此之间有千丝万缕的关系则更是如此。关于这一论题,德拉朗的研究(2009)表明,留级的做法是嵌入到某个既定的学校体制所特有的那套制度规则之中的。正是这一套制度规则包含着惰性的力量,它们以某种方式左右着人们选择如何行动,以至于其中有些规则似乎是人们更"显而易见"会优先选择的做法。因此,留级的意义不是独立于制度背景而存在的。在这些条件下,如果政府决定禁止让学生留级但却不改变教育制度背景的话,那么留级所担负的潜在职能不会就此神奇地消失。比如,留级制所特别确保的那个潜在职能,即对学生的学业加以监管并调动其对学习的投入,是通过分数和证书性评价系统来予以维系的。因此,禁止留级的做法而不考虑如何激励学生投入学习,这又将再次削弱取消留级这类改革的正当性,因为学生对学校的评价体系一直都了然于胸,并懂得如何利用学校来最有效地推进自己的学业生涯,即形成了与学校的一种工具性关系。

新的学校教育政策和(学校)文化动力的变革

　　本章至此所介绍的研究都把学校文化视为推进改革的一个抓手或抵制改革的一个因素,它们间接地对学校文化概念进行了分析,但却没有试图去弄清楚一些问题,比如新的学校政策是如何影响校内之文化动力的性质本身的。

　　杜麦、卡托纳尔、马洛和芒奇茨(Dumay, Cattonar, Maroy 和 Mangez,即将出版)的研究兴趣是比利时法语区实施的财政清算政策是如何改变小学内部的社会实践的。他们对两种针对学生的外部评价政策的实施和建构方式做了比较,其中一种是官僚式的,另一种则是通过(学校)领导和督导(参与其中)的网络化(评价)。他们的研究表明,"通过地方性管理网络"管理学生评价这样的政策实施和建构方式会显著改变学校的领导形式、工作中的社会关系及左右教师工作安排的集体规范。

　　比如,学校领导层参与外部评价建构,这会有助于提高这些学校领导者对教学的认识,也有助于加深他们对一系列教育改革内容的理解和认知,这方面的内容,包括通过成绩进行监控的模式、这一改革模式的具体实施机制和它所依赖的公共行动之参照因素等。和教师们就这些认识达成共识,这使得学校领导团队在围绕外界评价实施的新的学校社会结构中扮演关键角色,从而也提高了领导团队在教师心中的可信度,并缩小了学校管理层和课堂之间的距离。在这种推进改革实施的方法中,由督导鼓励和支持的学校领导团队就这样发展出了新的管理形式,这些新的管理形式旨在对教学实践进行更直接的控制,而这些控制是通过一系列具体实践来展开的:比如,对学生的评价结果进行格式化以显示其发展倾向；把这些评价结果告知教师群体或个人；参加教师们针对学生学业的外部评价结果召开的分析讨论会；向教师们征询信息以了解他们为了改善学生在外部评价中的不佳表现而做了什么改变。

当学校领导团队和督导小组参与外部评价试卷出题的时候，教师之间的关系也会改变更多。因为教师们在校内的工作协调和分工与学校领导团队推进的社交性实践有直接联系，这些工作安排似乎更多地围绕外部评价展开。教师们通过协商，对学生在外部评价中的学业成绩进行分析，并改变自身实践，以求对外部评价予以证实的某些学业困难做出补救。教师们也提到外部评价对工作分工带来的影响。在某些学校，外部评价似乎最终导致了人们对教师加以比较，而因为外部评价结果以学校每个班级的表现为单位传达下来这样的做法，比较教师谁长谁短的现象更趋变本加厉。

最后，学校领导团队和教师们似乎可以建构起共同的语言和语义内涵体系来赋予外部评价结果以意义，而外部评价政策因此会有助于改变教师个人和集体的规范，并且教师们会随之改变对自身工作的认知。学校领导和教师之间最明确达成的共识就是教学的"有效性"。研究者采访的一些教师和学校领导会使用学校有效性之研究流派中发展起来的概念和观点。比如，一些被访者认为，外部评价结果可能与学校的学生社会构成有关，也可能和具体的教学实践或班级效应及教师效应有关，这两者是有区别的。有意义的是，我们发现，教学有效性流派的这些概念和理念旨在区分学生成绩中的哪些部分归因于教师，哪些部分归因于校外因素，而教师和学校领导运用这些概念和理念巧妙地明确了教师在其中要承担的责任，因为他们也比较经常使用这些概念和理念来了解学生成绩中的哪些部分是与自己的教学实践有关的,我们尤其在招收的学生来自更不利阶层的那些学校会看到这样的情形。学校使用这些旨在明确教师责任的概念和理念显然与当地的督导也使用这类概念理念不无关系,督导们建构了对教师工作的评价指标,这些指标一开始就排除了和学生之社会特征有关的因素可能对学生成绩带来的影响,目的就是为了避免让教师逃避自己的责任。

杜麦(2009)关于教师工作之校内协调的研究也提出了这类问题。杜麦关注的是在学校里引入以教师集体参与改革为中心的学校管理方式如何改变学校的文化动力。这些研究的中心假设是这样的,即这些新的管理方式提高了教师工作的可见性,其间伴随着为界定和合法化教师的信念与实践而产生的紧张压力及权力游戏。因此,把案例研究和学校纵向分析加以比较(Dumay,待出版)有助于表明,在这些新的学校管理方式的推动下,学校里运行的校内文化动力被教师之间的力量关系结构化,这些力量关系的主要目的就是把教育实践和实施条件加以界定与合法化。杜麦观察到,教师工作中的社会关系的结构化方式是由一些联盟的形成所控制的,这些联盟可以帮助教师拥有尽可能多的自主性并限制同事对其课堂工作的影响。教师们就这样形成了一些联盟,这些联盟集合了那些对合法的教学实践有几乎相同看法的同事们。而教师之间的力量关系只在很少的情况下会清晰地呈现出来,比如当教师联盟不得不改变和就各自观点进行对质的时候。这样的观点对质最常见的是由占据主导地位的教师联盟提出的,其目的在于扩展和强制推行其联盟自身的规范。一些教师联盟之所以能够在学校里占据主导地位,这和很多因素有关,特别是让它们得以凝聚在一起所立足的规范与学校所处的制度环境中现行的教学规范完全相符。

因此,这类研究呈现了新的学校政策和学校内部文化动力机制变革之间存在的多种多样的联系。学校财务清算政策自从建立之日开始,(学校里)围绕着新的政策理念内涵出现了更直接的学校领导形式,重组了教师工作中的社会关系,并且,通过新教育政策的语义体系,尤其是通过教育有效性的语义体系,教师们浸染了(新的工作)观念(换句话说,教育改革政策给学校文化带来了影响,至少是话语和言论上的影响)。不过,学校本地的管理方式本身就会铸造教师工作中的社会关系,(在实践中建构的)教师工作中的社会关系终究和新教育政策的目标不太接近,新教育政策的目标主要在于限制教师在课堂工作中受到同事的影响。①

小结

关于学校组织文化和其最近的变化发展的研究表明,教师们的社会性实践(教学工作等)、学校的领导形式以及左右课堂工作安排的设想和规范,这些方面并不是对学校所处的制度和政策环境的改变无动于衷的,远远不是这样。学校文化以及教师工作安排的校本模式或者成为学校针对制度环境改革所带来的压力的抵抗因素(Dumay,2009;Draelants,2009;Coburn,2001),或者成为学校变革的起源(不过这种情况比较少见),或者成为正在进行中的改革的促进因素,这个时候,学校内部社会性实践的目标明确在于尽可能地把教师的工作实践与由地区水平上的教育管理者们发起和支持的地区改革政策衔接起来(Dumay 等,待出版)。

然而,要深入理解制度环境改革、教师工作安排的校本方式和教师工作

---

① 译者和原作者做了沟通之后,对这段文字做了相应的延伸处理,以便使语句的表达更完整清晰。——译者注

实践之间的联系,从文化概念的角度进行研究会遇到一些限制,原因至少有两个。其一,文化概念限于理解一些表现明显的现象,不太容易考虑到制度环境和对教育实践的新的监管模式给学校员工们带来的社会性的和认知性的改变;其二,文化概念的关注点基本上是转向组织内部的,除了最近的一些研究之外(Pedersen & Dobbin,2006),文化理论很少去探讨组织所处的制度环境的变革与其内部实践之间的联系机制具有怎样的性质。

组织身份概念则可以克服这些研究局限,而更多地集中围绕这样一种观点展开探究,即组织变革不能脱离组织所处环境里正在运行的改革过程。哈奇和舒尔茨(2002)在其关于组织身份的编著中对这个主题的介绍不能更清楚了。两位研究者实际上认为,身份概念是最能够帮助我们理解组织是如何适应一个变幻不定的制度环境的,这一适应过程中充斥着具体组织之间关系的复杂化、信息交流的加强和组织对其成员的社会化控制力的弱化等现象。两位研究者还认为,身份概念可以有助于把学校内部问题和学校外部问题联系在一起。学校内部问题,比如组织成员对改革的卷入问题等,学校外部问题,比如涉及学校的策略性定位、学校形象和声誉的管理等,这些是后面一章将主要阐述的内容。

第3章　学校形象

正如我们这里所理解的那样,形象概念指的是一种社会表象的形式,就是说被某群个体所公认的一种心理认知建构,它可以帮助我们赋予周围世界以意义(Tiberj,参见 Paugam, 2010)。如此一来,一个组织的形象便因此为人们提供了最初的一个间接渠道去认识这个集体性实体,尤其是去认识人们想象是这一组织之内在同一性的东西。"不论是组织成员还是组织之外的人员,他们都不可能直接地、原原本本地了解组织的身份。从根本上来说,人们要认识某个人的身份,就和要认识某个企业的身份一样,只有通过认识他(它)给出的自身形象以及从其本身发散出来的形象才能达成。于是,从身份概念必然会推导出形象概念。"(de Saint Georges, 2006)

形象、声誉、名望

在法语区研究界,形象这个概念一般多用于市场营销领域或沟通领域,而在社会学文献中较少出现。社会学家们更习惯使用的是声誉这个概念。[1] 和声誉概念一样,形象(或品牌形象)是组织理论中常用的、用来指称

---

[1] 我们在一些研究者的著作中看到了(声誉)这个概念,他们的研究集中在合约社会经济流派(比如 Karpik, 2007)和市场社会学(比如 Francois, 2008),后者关注的是(商品)质量的社会建构和评价。在文化和艺术领域也形成了另一个相关的研究传统,它关注的问题是个体性实体与集体性实体之间的声誉迁移(Chauvin, 2010)。

某个组织相对社会地位的术语(Shenkar & Yuchtman-Yaar,1997)。我们这里重新使用形象概念,并在语义上把它与声誉概念加以具体区分。这两个词语(在语义上)实际上并不是完全重合的。在人们对事物的期望和它真实的状态之间从来都存在着差距,这是稀松平常的事情,这一差距引导我们区分出两类形象:被期望形象和被感知形象。前者反映了组织努力被周围环境认识和感知自己的方式;后者是声誉的同义词,指称社会上流传的关于这个组织的看法。换句话说,组织形象概念反映了任何一个人自己就可能有的、关于某个组织的看法,同时也指称这个组织努力向外传播的自身形象。两者之间的这一差距是古典社会学理解制度沟通的基础,这种理解常常被简化为一种意识形态形式。组织对自我展示的打造逻辑和面子工程有关系,其中充斥着乔装改扮、戴上面具等想法……我们从中再次看到关于表象问题的一种古典分析图式,这一图式把主体性世界和社会事实的世界对立起来(Tiberj,参见 Paugam, 2010)。

我们也可以把组织声誉或组织内部人员所感知的形象与其外在客户所感知的形象区分开来。组织内部成员所感知的组织形象构成了组织形象的第一个向量。它同时导致了第三类组织形象的存在,即被假设的形象,指组织成员想象的外在公众所感知到的、自己组织的那个形象(Dutton & Dukerich, 1991)。

如果说"被感知形象"这个概念确切地强调所是之事实,那么按照哲学家乔治·贝克莱(Georges Berkeley)的名言来说,这首先是"被感知的",而"被期望形象"这个概念则强调在这一背景中控制他人对自己的印象是重要的(Goffman, 1959)。确实,组织不满足于自己只是作为被感知的对象,相反,它努力去积极定义他人对自己的感知。如果我们把组织形象视为一套社会表象的产物,而这套社会表象组合了与组织有关的事实、结果、物质和符号属性等等,那么我们就会认为没有什么真实而客观的组织形象存在,更多的是沟通传播策略所打造出来的形象而已,这些传播策略的目的就是为了缩小感知形象与期望形象之间的差距。组织的传播负责人所使用的手册明确指出,忽视缩小两种形象之间的差距这一任务的话,组织会遭遇到危险。"如果组织没有充分的信息可用,那么当存在所谓的组织形象的时候,它是建立在非理性之上的,谣言、'人云亦云'和假想便会充斥其中。由于缺少信息,组织独自打造的正是这样充满被攻击危险的形象,且没有运用什么相应的策略,这样的组织形象就像催化剂一样会激起某些顾客的攻击。"(Schnerder,1993,23)总之,组织如果不塑造自己的形象就会遭受其形象所带来的不良后果。

我们要进一步指出的是,从逻辑上来说,组织在努力提升自己的形象之前,应该具有最低限度的名望。组织名望确实是我们要定义的最后一个和形象概念有联系的概念了。简短地说,它反映了外界对组织存在的认识,而这一般是通过认识其名称完成的(Fombrun & Shanley,1990)。因此,名望是组织发展自身某种被感知形象的一个必要但非充分的先决条件。

掌控自我形象,一个关于权力的问题

市场和企业沟通传播领域的专家们尤其熟悉形象概念,他们"按照完全的商业逻辑,认为企业显然是可以打造自身形象的,可以影响相关的各类行动者对企业的认知,可以通过理性的方法和预测性结果来影响客户对企业的看法"(Le Moënne,2008,144)。这一观点是上文表述的关于被感知形象与被期望形象之区别的核心所在。为此,莫讷(Le Moënne)在关于企业品牌形象的文献中发现了一个悖论,即企业打造品牌形象是为了确认企业具有某方面的行动能力和对复杂过程的掌控能力,而这种做法似乎更多地是在打情感牌而非理性决策。

如果说形象概念已经广获普及,这是因为它在这些专业人士那里得到了普遍承认,而这从它符合组织期待的那个时刻起就是如此了,形象构成了组织面对外界所有合作伙伴以及其自身成员的唯一资源。"一个强有力的形象赋予企业真正的权力。"(Schneider,1993)正是因为这个原因,资本雄厚的组织一般都把自身的形象管理交给传播专家来打理,有时候,他们更关心的是似然的形象而非真实的形象。①

分析前台和后台的差别、舞台上所呈现的和幕后所隐藏的面孔之间的差别,这是社会学家们的工作。有些学者谴责那种关于形象透明的空想论,他们指出,那些追求组织形象合法性的领导者以几近自我反省的方式热切地提出组织形象需要透明化这一新的社会性要求(Kessler,2001;Crenn,2003;Libaert,2003)。这种拟态逻辑,这种对与时俱进、满足客户或"舆论"之(假定)期待(Carayol,2002)的追求,更多地显示了组织的领导者对自身外表的关心,而非对形象透明度的关心。组织形象的真实性和透明度只是可以鼓舞人心的说辞而已,实际上,正如克雷恩(Crenn,2003)所指出的那样,"(形象的)不透明性仍然是大多数组织最有共识的东西"。而

---

① 近些年来在各种各样的政治运动中广为人知的贬义人物形象"旋转医生"(spin doctor),被用来象征传播顾问职业有滑向道德歧途的危险。这种表述确实表达了扭曲之意(spin一词的字面意思),"给形象镀金的人"能从一个有利的角度把(政治家的)不良品性印刻在事实中或信息中。(来源:维基百科相关词条,2010年1月13日查阅)关于这些(传播)顾问在教育政策领域扮演的角色,有兴趣的读者可以参看格维尔茨等人的研究(Gewirtz, Dickson和Power, 2004)。

且，揭开组织面纱和遮蔽其某些方面，这两者不一定是相互对立的策略。按照经典的转移注意力原则，公开某些不敏感的信息可以有助于保存那些更为秘密的信息。

虽说组织真实的运转情形很少与描绘出来的漂亮形象一致，但是我们不应该无视这些打造出来的形象可能有其特有的一种社会的和政治的有效性（依据美国社会学家罗伯特·默顿〈Robert Merton〉的自证预言原则），即使这些形象并不对应于某个明确的、触手可及的现实，情况也是如此，而且一般来讲，激发证券发行者兴趣的就是企业的这些形象。关于组织形象之批判性社会学的基本论点就是重申这之中隐藏着的权力利益，其理由在于组织形象传播者的一举一动"明确"是为了"最终维系或建立组织所想要的'事物秩序'、'常识'、'合法话语'，而不暴露其真实含义的表达，或者其一举一动实际上都是出于一种社会力量关系的需要"（de Saint Georges, 2006）。

我们在本章（以及第 5 章）将深入探究这一关于组织形象的批判性观点，强调组织形象与组织现实状况之间的差距难以缩减，特别分析形象管理可能走入的歧途。如此一来，如果我们停留在这一点上（即形象与现实不符）而止步不前的话，可能就难以对这一现象进行充分分析。对自我形象呈现策略进行解构，这只是研究的一个步骤，社会学家也有责任表明面子游戏是如何参与建构组织身份的。简言之，虽说我们不把组织的言论奉若神明，但要认真予以对待，永远不要忘记"形象策略首先是政治策略，沟通专家和公共关系专家可能已经把这些策略指定为组织的传播策略了"（Le Moënne, 2008, 145）。

从产品形象到品牌形象

为此目的,我们在此不深入追寻企业沟通和传播的历史,而更感兴趣的是想知道组织是从什么时候开始关心自己的形象的?虽然组织对自我的这种关注具体是从什么时间开始的并没有明确的记载,但已有的研究文献给出了一些关键时间点,可以帮助我们了解其主要的演变过程(Gryspeerdt,1995;Gryspeerdt & Carion,2006)。

在第二次世界大战之后,公共关系和广告业发展迅速(Viale,2000)。这两个领域使用一种共同的做法,即发展沟通传播策略,以向既定的目标客户推介某个人或某个公立或私人组织。这些传播策略被假定是具有社会效应的。这样做的目的就是为了积极影响目标客户对某个人或某个组织的态度和行为,比如在他们购买商品或选举的时候发挥作用。

但是,在战后经济自给自足的时代,形象概念还没有明确地表现出来。在20世纪五六十年代,传播策略似乎是次要的,企业的运作以发展生产为主,它们关心的是如何提高技术,生产出好产品来满足消费者的期待(Gryspeerdt & Carion,2006)。从20世纪70年代开始,形象成为企业发展的一个关键因素,尤其是在美国,我们看到美国当时出版了很多著作来探讨市场传播和组织管理之间的联系。而直到20世纪80年代末、90年代初才有这类的法文著作涌现。

形象概念发展的真正转机似乎开始于20世纪80年代。这十年印证着品牌的出现,它承认广告的角色本身发生了重要变化。广告的传统角色只是宣布产品出产,而这个时期开始其首要目标变为培养品牌形象。以前,暗含着创建商标形象的品牌只是企业追求的次要目标,最至高无上的是产品本身。娜奥米·克莱因(Naomi Klein)在其畅销书《无商标》中把品牌原则总结为一句惊人的格言:"唯有品牌,而无产品!"

  生产商努力打造自身品牌以有别于简单且直接的商品销售,最初的原因在于市场充斥着单调划一的产品、批量制造,几乎不可能区分哪个是哪家生产的。打造竞争性品牌成为工业时代必须要做的事情——在制造工艺单一化的背景中,在生产产品的同时,应该制造出一些不同用途的产品(Klein,2001,33)。

  显然,上文中草草勾勒的组织形象发展图景是关于商业界的。而且我们要指出的是,这个图景是不完整的,因为从 21 世纪开始,市场营销也许已经从品牌形象走向了品牌历史开发或故事讲述(Salmon,2007)。不管是品牌形象还是品牌故事,相对来说,这都不是我们论述的主要对象,但是这把我们的思路向前推进了一步,因为人们认识到,围绕一个品牌的发展有很多的历史故事,这些故事不一定是光鲜亮丽、值得炫耀的,它们取代了那些为了有利于企业而臆造的传说。(组织)对面子的管理确实让一些具有反思能力和批判能力的客户嗤之以鼻。因此,必须要定期变换组织的沟通传播策略。在这个意义上,从品牌化走向品牌故事讲述,这是承认品牌形象打造范式发生了变化的一种方式,这突出说明如今"企业遭遇到的最大挑战是如何以最有效和最令人信服的方式把自己的创业史告知天下——告知内部成员和外面的客户"(Salmon,2007,21)。

  再者,虽说自恋情结(Lasch,1979)由来已久,但是随着因特网以及动态参与性界面(Web2.0的恰当称谓)的迅速传播,21世纪初开始迅速发展起来的超级传播还是强化了组织对面子工程的关注和对形象策略的重视。此外,超级通信使组织可以更方便、同时也更难以控制自己的形象(Boutin 等,2008)。通过增加人际间沟通工具(即时信息、微博、社区网络等),因特网确实扩大了口耳相传的影响力。市场专家们迫不及待地利用电子社会网络带来的便利发布信息,让消费者成为品牌传播的首批载体(所谓的病毒性营销或蜂鸣器型营销)。这样一来,在互联网上,信息的制作和扩散不只限于专家或组织的官方发言人,也不会分门别类地有等级上的不同,这有利于顾客表达不满(Le Bon, 2003)、传播谣言(Taieb, 2001)和揭露真相(de Blic & Lemieux, 2005)。简言之,虽说电子网络这张网无法从根本上改变企业(形象)传播的性质和目标,但却赋予它一种前所未有的能见度,这种能见度无疑使得电子网络技术成为一把双刃剑(Ashforth & Gibbs, 1990)。

在高等教育领域,学校对自身形象的关心(以及与之相关的叙述)是比较新鲜的事情,但是一系列的结构性变革逐步迫使它们今后不得不考虑如何掌控并维护自身形象的问题,这是他们作为学校负责人无法绕开的事情。高等教育的大众化,文凭的通货膨胀,与企业合作的增加和私人投资部分的加大,或者(对某些国家的高校来说)还有高等教育之欧洲或国际空间的建构(这是通过发布广受媒体关注的大学国际排名来完成的),这些都是可以提及的、激发大学关注自身形象建设的启动因素(见 Musselin, 2008)。在这样的背景中,学校教育领域逐渐成为一个竞争空间,在这一竞争空间里,每所学校都感受到来自社会和政策上的激励,从而得去发展自己的特色以有别于他人;每所高等教育学校都力求提高自身的知名度和吸引力,以吸引和留住尽可能多的"好"学生(Baker & Brwon, 2007; Bowman &

Bastedo，2009）。

因此，引导这些学校组织的负责人们全情投入学校形象管理的原因不同于在商业组织中占上风的那些原因，但两者的社会性目标却是一样的。要理解这些社会性目标，把企业世界和学校进行对比，应该能够揭示出两者的显著差别。这需要对学校领域的初始形态进行勾勒，它从根本上和企业领域的特征形态有所差别。

学校，从制度单位到组织

在商业界，公司满怀热情地发展品牌形象并通过叙事呈现自身身份，这似乎是因为它们没有能力围绕既定产品的质量建立企业沟通，或者至少对此越来越不感兴趣。于是，情况发生了变化，以往人们认为产品质量是可以评价的和相互比较的，如今，产品则普遍变得难以比较和评判好坏了。而教育界的发展则几乎与之相反。

学校最初被视为一个社会化机构，负责传授道德教育以培养头脑清晰的公民，它后来逐步被视为一个生产机构，人们赋予它的一个关键角色就是让某个国家具有国际竞争力，也就是要评价其学校的质量。这种范式的变化被归结为学校机构（制度单位）走向学校组织的变化（Dubet，2002；Maroy，2011）。于是我们看到，长久以来在学校和教育工作中占据主导地位的信任逻辑在遭受质疑（Meyer & Rowan，1977），而教育工作直至最近都一直很少地且只是悄悄地被监管着。今后，人们不会再一上来就认定学校教育是可以信任的了，人们宣称其教育质量（尤其通过评价学生的获得）是可以测量的和相互比较的，而这都是为了让学校运转透明化以及让学校承担责任,或者是为了对学校进行"财务清算",这种做法也以其相应的英文用词"问责制"广为人知。

马洛(Maroy,2011)认为,教育中的问责制和学业测试走红,这可能确实说明国家、学校行政管理者和学校使用者们对学校有能力恰当地完成自身任务的信任度下降了。而且,新的财务清算机制可能有助于把我们以往视为制度单位的学校改变为一种生产组织。

学校教育体制越来越不被视为一种为某个特征明确的集体(国家政体、天主教社会、世俗社会)承担重要社会化职能的服务性机构,而被认为是一种组织,它指向个体能力培养并为他提供证明其能力的学校文凭,能力和文凭对于学生的社会和职业插入是有用的。对于这样的学校教育体制,我们从此之后合适的做法,就是让它往尽可能高效的路上去。政治家和学校体制的基层行动者们一样,会因此倾向于不再以法律和社会学概念来看待学校(学校如同制度单位,参见涂尔干1922),而是用组织系统理论(学校如同从输入到输出的变化体系)和经济学(人力资本的生产功能)概念来理解学校。对于这种学校教育生产体制,我们应该通过推动新的监管方式来提高其效益,新的监管方式是以评价结果为基础通过问责机制来予以推动的。

对问责机制的一种常见批评直接反映了学校组织的印象管理问题,这一批评认为,问责机制可能促使学校校长们去打造一个骗人的组织形象,其唯一的目的就是为了让学校便于被外界评价,同时带着这样的设想,即学校内部的真实运转和给外面看的形象本来就是拆分开来的。就这个话题，我们可以谈谈组织叙述和学校自我介绍方式的讲述性偏差问题。问责机制推广"橱窗学校"就是"正确实践"典范这样的观点，这种做法也隐藏着这样的危险，即对于某些学校而言，如此强加下来的一些标准可能是不现实的，会束缚住学校的手脚，而那些缺少资源难以达成同样结果的学校会因此被打上贬低性烙印。某些研究呈现了学校组织叙述和自我形象介绍中的另一个讲述性偏差，即外部评价过程本身所引发的、学校成员们在行动反应和工具性适应上的偏差，这些外部评价过程最终改变了学校组织运转之现实。我们来分别看看新的教育监管机制带来的这些反常结果。

提交报告还是童话故事？①

按照新制度主义的观点，各学校组织通过与其制度背景同构来让自己符合所处环境的要求，以表明它们对变革的适应能力以及在合法性上的胜利，然而，它们对环境要求的这种符合可能只是一种面子上的适应，一种表面上的同构，这最终导致学校的象征性实践和其中心运转脱钩了。显然，对于具体某个学校组织而言，掌控自己在他人眼里的形象和印象比改变自身内在运转的真实状况更加容易(Christensen，1995；Lawrence & Suddaby，2006)。

学校外部评价机制的推动者们把他们的希望寄托在这样的观点上，即学校校长和教师小组获知外部对其教育的评价结果之后便会寻求让自己学

---

① 这种区分是从斯塔泰尔(N. Standaert)那里借用来的，参见《数数和讲故事：人文科学在解释世界中之作用的再发现》，人文和社会科学研究评价研讨会参会报告，鲁汶大学，新鲁汶(2009年11月16—17日)。

校内在真实的运转更贴近所规划的学校形象的方式。在法国,曾经担任国民教育部预测与统计局前任主任的 C. 德洛(Claude Thélot)就是这一观点的坚定支持者之一,他领导过学校评价高级委员会(HCEE),主持过关于学校未来的多项讨论(Pons, 2010)。他给这一观点冠上的正式名称为"镜像效应"。其原则就是让教师们和学校干部们直面自己行动的结果,以求当这一评价结果和他们自认为的自我形象或他们希望自己有的形象不相符的时候,能够刺激他们认识到问题所在并自发做出行为上的改变。德洛认为,"促使他们改变的,正是这面递给他们的镜子,即外部对其工作结果的评价,他们将会据此改变行事方式,而不是把发送给他们的条令文件奉若神明"(Thélot, 2002)。

事实上,我们可以假设,在这方面,一切将取决于外部评价机制的具体实施和相关学校体制中的教育革新的制度化程度①:当学校教育体制没有制约性规则的时候,学校的广告形象与其实际运转之间脱钩的现象可能会有加剧的危险。我们想到了比利时法语区的案例。在这一区域,近 15 年来的学校教育政策很看重教育创新和通过学校内部参与达成的本地计划。这些政策指令是"国家作为学校评价者"思潮强劲上升的一个反映(Draelants, Dupriez & Maroy, 2003)。这样的政策发展倾向必然要求改变对学校教育体制的控制和监管方式:对学校的公开性评价更多针对学校运转的结果而非具体过程,这和官僚政体主导的评价方式不同。但是,为了适应国家作为学校评价者的模式,这样一种学校外部评价机制也许应该配备一个外部控

---

① 一个关键的标准似乎就是学校打的广告而非外部对它们的评价。学校广告可能会导致更严重的反常结果:加剧校际比较、形成各校排行榜、出现给各校贴标签且对排名差的学校盖棺定论打上烙印的危险等等。

制机制，来帮助学校验证设定的目标已经完成到何种程度，而这首先需要设立一个更多关注学校评价结果而非具体要遵循什么程序的"领航者"机制。在几年的时间里，在比利时法语区没有人愿意承担政治责任来建立学校质量控制机制，这对于它的各制度机构的日常运作来说是非常陌生的东西，结果直至最近才刚刚出现了一个不受其他制度机构制约的"领航者"体制，一种更符合"国家作为评价者"理念的革新体制。简言之，关于学校评价的约束性改革措施，比如外部主导的证书性评价，可能会刺激学校去遵从教育权威机构发布的指令，而由于缺少这些约束性措施，这些政府指令在比利时常常落得一纸空文。

我们来看看"学校计划"的案例。自从1997年的任务法令颁布以来，比利时法语区的学校都要制定一个"学校计划"。学校计划提供了一种典型的流于形式的资料样板，这一样板的建构颇具仪式性，但却很少被赋予一种恒定而真实的内部功能。如果每所学校以后都有这样一份被赋予内部功能的资料档案，那么各教育小组对它的使用实际上会是多种多样的，正如我们在基层多次看到的那样。老实说，制定学校计划这件事更多的是校领导依法必须完成的一个手续。由于没有经过学校职工的集体思考，这份资料档案被搁置在抽屉里，似乎失去了存在的意义。在研究人员的告知下，教师们如醍醐灌顶，但表示不知道学校计划的内容是什么，甚至不知道它的存在。就这样，旨在刺激学校教师集体行动、发展小组工作的学校计划举措被卡住了。但这不意味着我们要低估这样一条政策指令的价值。政治权力部门以这样的方式发送出一个重要信号：每所学校都要被引导定义其自身的特征，以走向自我独特化。这样的政策逻辑追求的不再是学校教育的统一性而是差别化。在存在校际竞争的背景中，这种信息无疑是会被社会全然接受的。在法国,一些研究和督导报告阐述了与之相对一致的结果。①

在特别的情况下,学校可能会依顺政府下达的主导性指令,将之作为自身身份建构和形象政策的中心。前些年(Draelants, 2001),我们有机会观察到一所中学的情况,整个学校围绕一项集体计划动员起来,计划得到学校领导的强力支持,而且一些参与尤其深入的教师发挥着带头作用。学校计划的中心工作也许需要教师们以小组形式动员起来。人们认为,教师之间的工作协调会给学校的教与育②带来一种更大的"和谐",并因此赋予学习以"意义"。确实,学校计划一度教会我们"各类学校活动和学校生活的各个阶段是彼此联系的","在整个学校,教师们要按照每个学科和每个年级协调教学目标、要求和学业成功的底线",教师们也要"注意保证学生能力汲取的持续性"。学校教职员工的集体性工作因此构成学校和校长对外宣传的王牌之一,成为学校向外自我展示的窗口。学校成员们为此感到自豪,这种革新文化滋养了他们对学校的身份认同(参见第 4 章)。教师们认为自己是教育改革的先锋和先驱者。而且这样的头衔是被官方认可的,因为学校多次被评为"先锋学校"。由此,校长努力向外界宣传的学校充满活力的先锋者形象似乎在校内得到了认同。但是,如果对此进行更深入的观察的话,我们就会把这种认同称为"表面的一致"。学校中教师小组工作是变化着的,它实际上只涉及少数活跃的教师。更愿意孑然一身工作的教师们不否认以小组形式展开工作很重要,只是他们不愿意被强迫参与其中。实际上,学校领导会放任那些满足于传统做法的教师们(数量很多)孤身一人工作,但同时

---

① 参见欧彬的研究(Obin, 2001),他对法国学校计划的实施做了批判性总结。
② 在法国传统的学校观念里,教和育是分离的,人们认为学校的任务主要是传授所谓的真理真知,而秉性和习惯培养更多是家庭的事情。——译者注

设立革新小组，让那些反应积极的教师参与其中，为打造学校形象举起大旗。这种彼此回避冲突的策略保护了学校形象。如果强迫那些顽固不化、固守传统的教师们改变工作实践的方式，那么可能会导致冲突公开化，面对这样的危险，维持一种虚幻的、表面上的和谐一致对学校肯定是有益的。对于学校的教职员工们来说，只要学校体面地运转着，因为学校表现出的良好形象，使他们可以在身份上获得一种被社会认可的象征性利益，并且因为自己被这一学校聘用和学校在当地教育市场上的翘楚地位而在组织层面获得好处。这种情况下，学校没有理由做出改变。

这种情形说明，在这类学校可能被要求做出的自我介绍中可能会出现"讲述性歧途"。我们曾经谈到过关于成功故事的叙述（Draelants，2002），它意味着一种阐述和分析某个企业组织成功的方式，企业会悄悄略去自身遭遇到的大多数困难，而只讲述事后看来可理解为积极正面的创业发展事件。实际上，原原本本向社会公开汇报学校日常发生的大小事件，这会威胁到学校希望打造的自身良好形象，毕竟，好形象是需要打造的。"谈到成功故事，这并不是偶然发生的。与他人交流自己成功创业的故事是让他人理解自己的世界观并因此予以赞同的一种手段。然而，把成功经历讲述出来，并不是说要对外在现实进行亦步亦趋的复制，而是要帮助讲述者对这一现实加以结构化"（Boudes，Salmon 引用，2007，56）。从这个意义上来讲，似乎说这是在建构一种虚构的形象或者神话化的形象、甚至欺骗性形象更为恰当。实际上奥朗·巴尔特（Roland Barthes）认为，神话是一种开创性的故事，它阻止人们去理解真实，从这个意义上来说，它不涉及人世间的权力纷争，是非政治化的。它把历史标本化："神话是通过弱化事物的历史分量来建构的：事物在神话中失去了对自身建构历史的记忆。"（Barthes，1957，

255）

　　学校对教育改革的这类象征性适应导致它会使用一些面子游戏和伪装戏码，这些都是相对传统的演出手法。"被讲述的事件"（Ricoeur，1985）几乎总是扭曲事件的时间顺序，总是根据以往经验分析对学校发生的各个事件加以合理化，由此产生的卓有成就的效果是值得大书特书的。个体，但也指共同体或群体，通过其自身的叙述建构其身份，这些叙述对于个体或群体而言都成为其实际的历史。因此，在个体或群体的某个"特征"和这些叙述之间存在一种循环性联系，这些叙述同时表达并锻造着个体或群体的这一特征。哲学家保罗·利科（Paul Ricoeur）就此问题谈到"讲述性身份"。

　　这些社会性神话同样也会在组织内部形成其中的一种权力手段，只要它们提出的对组织经历和历史的"官方"解读有助于稳定事物之秩序，那么就有这种可能。这些社会性神话也可以制造出一些规范和共识，甚至制造出对组织的依恋（Lewicki，1981）。确实，正如玛丽·道格拉斯（Mary Douglas）所强调的，任何社会集群都"需要一种定义，这一定义奠定了其理性和性质上的真实"，并将这一真实自然化（Douglas，1999）。通过对周围环境中的所有集群、组织归类形式的社会建构，行动者们掌握了身份认同的原则，这些身份认同原则将帮助他们自我反思和认识世界。组织成员们逐步完成对这些神话性叙述的内化，并认为其本身就是现实的反映。而"只要这一被讲述的历史被制度机制共享和承认，它就会构成一个让行动者在其参照性身份中安然若素的角色合法化体系"（Franssen，2000）。

样板学校：当特例成为规范

面对教育改革,另外一种可能偏离改革航向的做法在这股追捧学校成就评价的热潮中破土而出,这就是过度关注"窗口学校",把那些卓有成效的学校树立为样板。我们在这里面看到了标杆原则的影子,设立标杆的目的在于区别什么是"好的实践"并加以传播。一种与之相当接近的教育工程学方法就是所谓"有效学校"研究潮流的核心所在。

关于有效学校特征的研究是向后官僚主义监管方式发展的一部分(Maroy, 2006),它引导一些研究者把注意力放在某些被视为样板的学校上。这些学校为此被挑选出来,它们一般都非常欢迎研究人员来校,因为它们认为研究者的调查会证明自己学校的存在和展开的活动是合理的,或者是具有价值的(Beaud & Weber, 1998)。它们也将会给大众呈现一种"成功故事"的形象,因为研究者会反馈给它们这样的形象,并且窗口学校的角色定位会让其获益从而更是如此。这样的角色定位至少会给学校带来象征性红利,从而有助于巩固其高效且革新的学校这样的身份。从或长或短的时间跨度来看,学校也会因此在生源招收上收获好处,并可以提高自己在教育场域(地区内的各学校之间)的竞争性游戏中的地位。

通过这种方法区分高效学校和低效学校,这样贴标签的做法显然不是中立的。如此给学校贴标签来为其打下身份烙印并确定其身份归属的过程是不公正的,样板学校常常是教育改革的领航性学校,其条件和组织资源远超"一般"学校,因此这样的做法更加不公正。

社会学家马丁·思拉普(Martin Thrupp)是"有效学校"研究潮流的主要批判者之一,他实际上指出了这样的事实,即这种对学校加以归类的做法所涉及的问题不只是技术性的或学术性的，也是政治性的，因为这些关于有效学校的研究在一些国家被用作制定一整套新自由主义特征的公共政策的基础，其目的是为了在外部测试学生学业获得的基础上评价学校的有效性，并让学校行动者、教师和校长为自己的工作实践是否有效承担责任。因此，财务清算政策会导致这样的危险出现，即因为学校没有取得足够好的成绩而指责和降罪于教师员工，却没有看到这样的事实，即一所学校取得何种成绩，在很大程度上取决于它招收的是什么样的学生，招生可能会影响学校能否实际运行所谓的理想教育和管理。

这正是关于学校的质性或民族方法论研究所具体表明的观点。这些研究不一定把学生构成和学校内的教育教学这两个关乎学校现实的因素分解开来，它们阐明这样的观点，即一所学校的学生构成情况影响着学校的管理方式，所教授学科的目标、质量和数量，并影响学生对学校背景里的自我的认知。

因此，显然不是每所学校都能够从关于有效学校的研究文献通常所揭示出来的、好的实践中得到灵感而取得成效的。由此，如果我们认为从这些有效学校研究中能够揭示出一些可能足以让学校提高其有效性的行动方针（一条最好的途径），这样的想法是不成熟的，甚至从根本上是有争议的；我们不能忽视每所学校的历史和具体背景，因为学校有效性永远是情境性的。此外，不同的学校可能通过不同的途径达到不相上下的有效性水平。

找不到的"普通"学校

在最近的一篇文章中，英国的一群社会学家麦格雷等人（M. Magrie 等）叙述了他们在为一项关于学校政策实施情况的研究构建样本学校的时候是如何最终对"普通"学校类属产生疑问的(Maguire等,2011)。出于调查的需要,他们确实希望找到一些混合型公立学校,这些学校有稳定的领导层,运转正常且成绩处于全国平均水平,换句话说,他们希望找到的样本学校是一些不因为成绩差而被外界插手的普通学校,而不是可能享有更多自主权的精英学校。为了分辨哪些学校符合研究所寻找的这些特征,研究者们咨询了各种教育专业人士(地方教育顾问、督导等)。这些专业人士没有觉得这是什么特别难的事情,就给他们列出了一系列满足这些标准的学校。但是,研究者们在浏览了督导报告(来自OFsted,英国的国家督导体系)、网站和专家们推荐的学校的介绍册之后却感到惊讶,这些学校完全不像"普通的"学校。它们凸显自己的特色,并表现得像一些引人注目的学校或即将成为这样的学校(在英国,这类学校可能由各种奖项或以胸牌、标识等形式彰显的奖赏来证明,这些证明主要是由教育、儿童服务和技能标准局来颁发的)。

研究者们认为,英国中学受现行政策导向的限制,倾向于在让自己有别于他人的区别模式上自我建构。在一个关于责任化的政策论述甚嚣尘上、对学校不断施压以推动它们始终追求更高成就的时代,只是满足于成为一所一般的或普通的学校已不再被社会所接受了。学校今后便得紧盯着这些成绩指标的指挥棒和控制棒,正如那些旨在让学校高速转向成功的升级活动所证明的那样。研究者们分析了学校为了自我建构成独特实体而使用的那些花招:通过英国学校当前的督导报告,尤其是通过网站获得的学校自评材料以及学校的介绍手册,研究者把后两类材料作为两个涉及学校自评和自我介绍的仪式及形象案例来加以研究,而学校正是借此两点来呈现一种自我庆贺式的浮夸,其目的在于说服潜在的顾客(家长、学生、教师和督导们),

让他们相信这所学校独具特点。到目前为止,曾主要在高等教育中发扬光大的一种真实的打商标烙印政策,即品牌形象建设政策,在中学也开始实施了。所有的那些被认为强调学校卓越优点的资料随后都会由营销专家们打造出来(奢华的介绍册,印刷在光面纸上,其经过精炼的内容配有精美的图片)。

这些研究者们指出,显然,如果说"普通学校"是熟悉教育界内情的人士使用的一个词汇,那么在任何情况下,这种称呼都不会公开使用,比如不会在学校网站或介绍册中使用。一名向这组社会学家提供信息的人士建议他们去某所学校调查,并且他小心谨慎地对社会学家们说道:"上帝不会和他们说这个(就我所知,这所学校是'普通的'),以后每个人都应该认为自己的学校是'优秀的'、'特别的'或提供一种独一无二的经验的。"(Maguire等,2011,8)总之,虽说存在普通学校,虽说研究者肯定仍然可以分辨出哪些是普通学校,但是,在这样一个以标榜成绩来彰显压力的背景中,如此公开指称某所学校是普通学校就变得困难了。在英国,普通学校概念本身甚至已经从正当的学校教育词汇中被排除了。

从象征性适应到工具性适应

如果说对学校的评价和排名可能让学校领导想方设法去制造一种关于学校组织之人为的和断章取义的形象(Ball,2003),那么其引发的另一种潜在的后果便是学校管理完全被这些评价和排名指标所左右。一些研究者实际上已经观察到,某些学校完全把自己的身份等同于通过这些排名反映出来的自身形象(Espelan & Sauder,2007)。换句话说,学校之所以如此偏离改革方向,是出于对这些评价的工具性适应。它和上文介绍的、学校对教育改革的象征性偏航恰恰相反,后者主要表现为学校组织结构和实践之间出现脱节。

这是扭曲了对学校成绩的数字化评价所导致的一种主要结果。正如罗伯特·萨莱斯(Robert Salais)深刻表述的那样,"熟悉'计算成绩方法'的行动者事先就知道自己要达到怎样的量性目标('预先定义的结果'),因此他们从一开始就知道自己将按照何种标准(具体说就是目标)接受评价。把量化目标和自身成绩评价混为一谈,这直接刺激他们采取理性行为,以追求按照评价指标测量的最高分数。对学校进行外部评价的关键不再是真正改善学校的教育状况(一些调查和数据收集方法已经证实了这一事实,这些调查和数据收集注重真实了解学校生活和工作状况),而是获得理想的量性成绩,不论使用什么样的方法都行"(Salais,2010,505)。

教师们按照考试要评价的内容来仿制自己的教学(为了考试而教学),这种倾向就是这类反应的一个恰当例子。这种情形尤其在英国引起研究者的注意并予以揭露,英国是在学校责任制方面走在非常前沿的国家(Gewirtz,2002)。对学校学生进行外部评价,尤其是对所谓"高风险"评价(即那些对应考者非常重要的考试)持反对意见的人们确实在抱怨这些外部评价给学校带来的强大压力,教师们几乎不得不花费所有的课堂时间和资源让大学生们应对标准化考试;而支持这些考试的人们却回应称这正是他们期望教师们做的事情。他们强调学生能否在考试中获得成功是对教师是否按照教学大纲进行教学的检测,而把教学聚焦在为考试做准备上,只是重新回到了以学习大纲为基准的教学上而已。

近些年大学排名和排行榜引发媒体广泛关注,高等教育院校的领导们对此做出回应的方式提供了另一种聚焦于评价指标的管理案例。埃斯珀兰和索德(Espeland & Sauder,2007)的一项研究分析了北美法学院对高度媒体化的相关院校年度排名做出的反应,他们区分出学校可能使用的三种工具性适应类型。首先,他们证实,这些院校的领导们努力通过改变资源额度分配来优化自己在排名中的地位,比如通过拨款展开沟通和制度性营销行动来提升自己的形象(广告、web网站、介绍册等)。另一类适应是学校重新定义自己的工作方式和学校政策。这尤其可以通过设立生涯服务机制来达成。建立生涯服务机制的目的是为了统计学生的就业安置情况,如果学校已经有此类机制,那么会把更多时间用在向校友们打听消息,来了解他们的工作现状等。招生则会更看重候选生的招生考试成绩,因为这些招生考试是高校排名所依据标准的构成因素。最后,学者们观察到的第三种工具性适应形式无疑是最明显和直接的,即院校尝试为己之利操纵规则,从中找到窍门来提高自己的统计数据(博弈榜)。这里,我们再次回到学校面子的管理问题,而这引发了公众对院校排名及其学术合法性的广泛怀疑,并威胁到这些院校炫耀自称所维护的职业价值(诚实、责任、透明)。

总之,通过自我实现预言效应,当学校排名榜强加下来一种标准化的和普遍的观念来定义一所好学校(这里研究的是法学院)应该怎样的时候,它就会引导这些学校制造出它想评价的东西。这类学校排名除了引导学校领导们在工作实践中发生改变之外,也确实真正改变了学校人员的工作认知,而这种真正的认知上的变化本身加剧了由学校排行榜所界定的自我实现预言倾向。通过强制推行对学校进行评价的一种统一标尺,这些排行榜使得人们对具体学校的了解脱离了学校具体的背景,并忽视学校之间可能存在的大量差别,比如各校入学人群类别上的差别等。通过建立学校之间明确的等级性关系,以及暗化它们之间可能存在的异质性形式,学校排名榜强化了相关组织场域的存在。对于每所学校而言,其在排行榜上的位置为它建立了与其他学校的一套关系：和在排行榜中同一水平的学校搭上关系变得更容易和自然，即使每所学校都会偏好与比自己排名靠前的学校携手合作。因为排名榜是以年为单位，人们也被引领着比较学校今年与去年在排名榜上的占位，去努力寻找那些被证实的、可能出现的占位上的差别是由什么原因造成的。问题在于一切都在见缝插针地发生着作用：一些在学校行动者们看来没有意义的和微不足道的细小改变可能对学校排名产生重要影响。而在外界公众看来，在排名榜中凸现各个学校地位的差别很重要，他们会认为，某学校在排名榜上占位的变化意味着它进步了或下滑了。对于一所学校来说，这使得它更难自处，因为它声明的某个地位可能得不到排行榜的支持，或者，它更难以支持自身的、某些与排行榜无关的身份。研究者强调指出，只有耶鲁（法学院）还是可信的，因为它被确认为是最好的法学院。

地位和质量，松散的配对

关于学校排行榜的讨论让我们关注学校地位和质量之间的联系问题。这两个词语原则上是有联系的，但以一种可能不完美的方式联系着，让人质疑两者之间的联系常常是假设的（Lynn等，2009）。众所周知，人们短时间内难以区分一所学校的卓越形象和其真实的卓越之间存在怎样的差别（Cameron，1978），即使按照"高贵义务"原则，其在排行榜中所占据的地位要求它提供一种额外质量来显示其配得上自己有的声望（Bourdieu，1989）。

卓越形象是那些所谓的"精英"学校的一种特征性资源。因此，如何保存自己卓越形象构成了关键问题。确实，正是学校的卓越形象奠定了它们在学术和职业场域中的文凭价值及学生质量上的声望。雇主们确实信任来自某些学校的毕业生质量。那些因为毕业生质量好而享有盛誉的学校赋予自己的学生一种决定性优势，来自这些学校的毕业生常常被推定为是有能力的。于是学校的声望为他们做了代言，他们只要提到自己毕业的学校就足以吸引某个雇主的关注。"按照这个逻辑，我们可以理解所有的信用或信任的社会称号——英国人称之为*凭证*——所带来的影响，这些称号就像贵族头衔或学校文凭一样，其持有者的价值通过增加人们对其价值信任的广度和强度而得以持久地增值。"(Bourdieu，1982)

因此，对于那些首先依靠声望站住脚的学校来说，其优秀的外在形象有助于它们向外界呈现一种关于自身真实课程的理想化愿景。只要这些学校从仪式上证明自己的毕业生是那些享有特权的群体的一员，它们应该就打造了把这样的看法合法化的神话，即人们自然地认为这些大学生因为其学业经历而具备那些内在素质(Kamens，1977)。事实上，这些精英学校特有的卓越要求传统上是通过上演这样一幕来进行的，即保护学校对抗外界任何关于其拥有的卓越声望和其实际的优秀不相符的看法。通常在这些学校伴随新生入学而举办的认可接纳仪式会帮助它们表明自己选拔的新生质量是不容置疑的(Bourdieu，1989)。

然而，学校形象的象征有效性直接和关于其卓越的客观证据联系在一起。一所学校的卓越形象和其真实的卓越之间过分明显的不匹配似乎从来都是难以想象的，随着时间的推移，这会弱化学校作为精英院校的合法性。确实，任何学校如果难以定期提供可信的证据来证明其招生和向学生提供的课程都是客观优秀的，那么它可能将会没落，其师资和生源所代表的人力资本可能会逐步流失，并因此而遭遇制度性降级。从这个意义上来说，近些年被媒体广泛传播的大学排行榜对学校身份形成了诸多的潜在威胁，尤其对于那些要求获得或保持精英学校地位的学校更是如此。

排行榜：对精英学校身份的威胁？

我们谈谈法国大学校的典型案例。① 这些学校以往对自身的卓越和教育模式的优越性充满信心，而如今却遭遇到所谓的国际化挑战。浸润在法国大学校体制特有的卓越定义中的这些大学校，尤其通过国际排行榜，受到外在于其价值的一种卓越定义的影响越来越大（Harfi & Mathieu, 2006）。这些国际排行榜虽然常常备受争议，但其发挥的作用日益加大。法国媒体乐于对此做出回应，且因为这些排行榜撕裂了这些法国精英学校喜欢呈现的自我形象而更加乐此不疲。国际排行榜给出的新标准确实构成了大学校运转范型的一种改变，判断一所学校卓越与否以后要依据其研究能力和师资质量（Musselin, 2008）。在当前全球化的背景中，为了定义国家价值而日益占据上风的卓越标准就是其学校教育质量在国际水平上的可见性和被感知性。法国大学校对此不是无动于衷的。而且很多研究表明，这些国际排行榜引导这些大学校对自己的身份提出质疑。巴黎矿业学校已经毫不迟疑地提出了一个竞争性排名，这一排名是以（学校的）职业成功评价为基础的，而非像上海排名那样依据学术产出标准，这一事实反而成为上述现象的一个很好的显示。②

法国大学校对学校组织活动的评价、测量和比较机制表现出了关注，这

---

① 这一部分中涉及的法国大学校案例的部分内容取自本书原作者和科赫林（Brigitte Darchy-Koechlin）共同进行的一项研究。
② 巴黎矿业学校制作的排行榜采用的方法是记录各大学毕业生进入世界 500 强企业最高职位的人数。在巴黎矿业学校的排行榜（2007 年 9 月版）中，5 所法国大学校（综合理工、高等商业学校、政治科学学院、国家行政学院和矿业学校）位列前 10，比肩哈佛、斯坦福和麻省理工，而这些学校在中国高校建立的排行榜中却踪影全无或被降级到边缘（2004—2010 年间，国家行政学院是唯一一所上榜前百强的法国学校，排名在第 70 和第 90 之间徘徊，综合理工在这一时期则总体跌出 200 名之外，矿业学校排名大约在 300 左右）。

同样可以通过它们的沟通传播政策感知到。一种真正的大学营销市场逐步建立起来。这种打品牌政策（Lowrie，2007；Stensaker，2007）打破了人们对法国高校的传统用法，以追随企业界现行的专业沟通传播技术。我们在一项对四所被认为筛选性最高的法国大学校（高等师范学校、高等商业学校、综合理工和政治科学学院）进行的研究中证实，其中的一些学校在这方面的反应尤其明显。特别是高等商业学校，它是唯一一所在某些国际排名中位居"前列"的法国大学校。它在学校网站首页上张贴的排名"闪瞎"了浏览者的眼睛。我们可以在上面看到以下内容：

> 巴黎高等商业学校，《财富时代》排行榜认定的欧洲第一商校。
> 《财富时代》于 2010 年 12 月 6 日周一发布了欧洲商校年度总排名，巴黎高等商业学校连续 5 年位列欧洲首位（共有 75 所学校）。它由此确认巴黎高等商业学校提供优秀的文凭课程和继续教育（《财富时代》排名采用的标准多达 85 个）。
> 这一总排名是在欧洲水平上对《财富时代》每年发布的 5 个排行榜的综合：MSC 管理/大学校教育大纲（全球第 3）、MBA 全天候（全球第 18）、MBA 执行（和 TRIUM 并列全球第 3）、跨企业继续教育（全球第 13）和定制继续教育（全球第 2）。（巴黎高等商业学校网站，2010 年 3 月）

我们确实应该强调指出，如果说这些院校排行榜，更普遍地来讲，高等教育的国际化对于精英培养的法国模式和作为其象征的大学校的身份而言构成了一种挑战，那么其中的一些院校也可能把这些国际院校排行榜视为自身发展的良机,这些院校更看重征服策略而非满足于坐地收租。

学校政策中形象载体的选择和分量:路径依赖

学校领导们在(学校)形象载体的选择中并不是完全自由的。让学校采纳的沟通传播策略立足于学校在排行榜中所占据的位置,这显而易见提供了一份力证学校实力的证明。我们仍然从前文提及的法国四所大学校的案例出发,通过详细介绍它们为了建构自身的优越形象,甚至其中的一些学校为了维持自身的"国家神话"地位而采用的多种多样的因素和做法,我们可以对这一点有更深入的理解。

我们将特别阐述法国大学校形象与制度和国家历史的关系问题,这并非其绝对的,但却是被特别看重的形象载体。① 确实,最古老的那些大学校有庆祝自己历史和传统的仪式,在庆典、纪念活动、论述和圣礼歌中,大学校都和这些历史与传统结合在一起(Bourdieu,1989)。与此做法相伴相随的是,大学校常常会突出已经成名的一些校友的形象,这些校友因为其文学、艺术创作、学术研究或从政经历而广为人知。不同学校对自己与自身历史的关系展开程度不同。除了其自身的历史有长有短之外,两个原因似乎可以解释这一现象:其一,相较于其他学校,一些学校可能在法国国家的历史和记忆中留下的痕迹更深刻;其二,不同学校对自身历史的解读不同,且随着时间的推移,其身份上的和谐感和连续感也有强弱之别。

高等师范学校、综合理工和政治科学学院在这一点上有共同之处,它们

---

① 这些大学校在其形象政策中还强调自己能够为成员们提供的工作环境。学校介绍册和网站强调学校的地理位置、建筑历史、设施和师生们可以使用的物质资源等。这些学校也会在这些沟通媒介上介绍自己的教育规划、提供的优秀教育、教师和学生的情况等等。

都诞生在法国重要的历史变革时期,且都仍然是法国国家历史中的强有力象征(前两者诞生于法国大革命时期,而 1870 年法国于普法战争中败北,彼时诞生了政治科学自由学校,即后来的政治科学学院)。但是,高师、综合理工和政治科学学院之间仍然有所不同。政治科学学院的建立更晚一些,且它与国家明显的有机联系只是在二战后才开始的,是伴随着国家行政学院(ENA)的创建和政治研究学院(IEP)①作为其预备院校逐步建立而开始的。而且,国家赋予它自己建立的那些学校一种额外的合法性,这些学校维系着与(国家)政权的密切联系,并似乎在这个意义上最能够代表共和国的精英统治。相反,高等商业学校(HEC)和政治科学学院一样都是实力院校,但其建立和国家主要的历史事件没有什么关联,因此难以享受相同的历史氛围的关照。而且,关于其建校的叙述显示出它之所以名声在外,是因为它招收的学生大多是那些家境良好的孩子。我们因此理解了这一点,即不是每所院校都同样沉醉于宣扬自己的历史出身和大张旗鼓地纪念自己的建校之日的。

院校历史的象征性意义越重,对于继任的各届校长而言,对学校历史的保护越关键。于是我们观察高等师范学校和综合理工的各类纪念活动,会发现这些活动首先是一种关于学校历史的表达观,它们要表达这样的观念,即学校之官方的和神圣的记忆庙宇要有自己的守护人。比如,综合理工的形象政策受到其原有的军事院校角色的影响,这一历史遗产已经为学校组

---

① 法国共有政治研究学院(IEP) 10 所(https://fr. wikipedia. org/wiki/Institut_d%27%C3%A9tudes_politiques_de_Paris,2019 年 6 月 12 日查阅),其中包括巴黎政治研究学院。根据 1945 年的相关合约,被收归国有的政治科学自由学校被分解为不同而互补的两部分:政治科学国家基金会和作为巴黎大学构成部分的巴黎政治研究学院,两者结合在一起构成政治科学学院(Sciences Po.)。——译者注

织身份的建构推波助澜了。随着时间的推移,已经软化的军校角色仍然对学校的生活产生持久影响。军事仪式看起来既限制了学校的运转,又优先承载着学校的威望和它想为国家完成的任务——"为国家、科学和荣誉"培养精英。

相反,高等商业学校和政治科学学院对自身的历史保持着一种更加工具性的观念。从这一点上来说,看到这两所学校在某种程度上通过与自身历史遗产更洒脱的关系来更加随心所欲地管理自己的形象,这令人感到震惊。比如,我们只要看看政治科学学院名称的演变就足以理解这一点,这些名称(政治科学自由学校、巴黎政治研究学院、政治科学学院)明确呈现了这一学校所设想的那么多次的身份断裂。这一高等教育院校看起来所特有的、唯一持久的身份因素具体来说就是一种变化着的身份。然而,我们要明确指出的是,我们上文中描述的两种关于学校历史的记忆观彼此并不是绝对割裂的。在纪念性的历史中,和在它们登上历史舞台时一样,精英学校都乐于抹去某些有损自身神话形象的事件,以只保留那些有助于保存与其出身并行不悖之叙述的因素(Draelants,2002)。

在为了吸引最好的学生而竞争加剧的背景中,我们可以认为,学校的形象政策今后会扮演一种策略性角色,以丰富其符号资本,保存甚至巩固其在国内或国际精英高等院校场域中的地位和权力。为了确保自己在这个未来非常动荡和极具竞争性的场域中的地位优势,这些大学校首先要努力展示的是自己拥有的特别的适应能力和资源。而虽说精英高校可能拥有高度的自治权,但这一自治权仍然是反常的,因为它被一种路径依赖所限制(Pierson,2000)。精英高校从其自身历史继承来一些制度和结构上的束缚,这些制度和结构束缚同时与其在这个精英高校的竞争场域中所占据的具体地位有关，这些束缚如此强大，以至于极度阻碍了这些学校的发展。学校与其自身的历史和传统的关系越强大，其形象将会越倾向于固化并如同一个"组织内规范"那样运转（Elsbach，2002），从而限制学校领导们的行动，使得其首要任务将只是保证让学校身份固有的那些因素得以永存。正是特别在这个意义上，我们应该理解这一事实，即这些大学校中的一些院校，比如综合理工和高师，传统上就反对对自己的运转方式进行任何彻底的改革（Suleiman，1979），而其他一些学校，比如政治科学学院，在社会和国际开放方面就更愿意快速转向改革，因为改革可以帮助它们获取或更早获取新的物质性资源和象征性资源，并逐步通过这一机会来建立学校前卫的革新者形象，呈现它们更好地适应当前高等教育背景的能力和姿态。

小结

近些年教育体制监管方式中发生的变化使得学校领导们尤为关注自己学校的形象和外在表现。这种情形尤其出现在高等教育中，以及那些通过自由择校和把学校成绩公之于众来倡导学校竞争的教育体制中，不过在这种教育体制中，几乎所有学校，各级各类学校都会被纳入学校竞争。这种现象是近期出现的，且尚未被人熟知。学校声望的管理问题还没有受到研究者的广泛关注。我们还远远没有充分认识这一现象，遑论采取应对措施。目前已有的研究实际上倾向于过分绝对地从一种批判的视角来理解这个问题。这些研究认为学校形象歪曲了学校的现实情况或与之相悖，有时候会看不到学校形象可能带来的富有成效的影响。因此，进行一些经验性研究是必要的，这样可以让我们进一步把握在戏剧性和象征性学校效应的建构中哪些因素是真正有效的以及哪些因素可能增加学校效应的有效性。换句话说，关注到学校形象在公众心目中的绝对地位，这可能会引导研究者们对这样一个问题更感兴趣，即人们感知到的校间差异会导致怎样的结果，以及这种感知可能衍生出怎样的客观结果（比如隔离、不平等的再构、等级化过程、面对教育改革政策而存在的学校阻碍因素等等）。于是，我们认为，关于学校形象的研究应该不仅仅聚焦在学校内部运转功能的有效性，即像关于学校效应的传统研究那样只关注学校的管理和教学过程对学生的学习和学业进程产生的影响①（还应该关注到另一类学校效应——学校外在形象的有效性，去理解学校如何使用沟通传播行动和自我呈现行动来打造自身的声望，改变家长们对自己的认知等等）②。（当然，）深入研究学校的形象因素、其外在的象征性有效性因素和内在的功能性有效性因素之间的互动、动力机制和可能的张力，这同样可能是有用的。比如，有些学校紧紧依附着其历史造就的神话而它的结构却已经发生了变化，有些学校维系着与已经过时的形象相结合的组织结构，这些坚持割裂自身结构和意识形态的学校命运如何呢？

---

① 经过译者和原作者的商讨，原作者对原文句子做了修改以便使表述更清晰明确，译文是按照修改后的句子翻译而成的。——译者注
② 这一段括号中的补充文字在作者原文和提出的修改文字中并没有出现，但他在和译者的邮件交流中做了这样的解释。——译者注

第 4 章 组织身份认同

我们在前一章阐述了对组织印象的掌控,这个视角可能会忽视对组织成员们感知和解释组织形象与文化的方式的研究,他们因为归属于组织而与其文化和形象结合在一起(Dutton 等,1994)。组织形象和文化是否影响组织成员们的行为和态度,是否影响其个人的身份建构?这些都涉及组织成员的组织身份认同问题。

组织身份认同,一种社会心理学的定义

学术文献中大量关于组织身份认同的定义是从社会心理学和组织理论的交叉点出发提出的(Riketta,2005)。这些定义一般直接从社会身份理论(Tajfel,1981)或自我归类理论(Turner,1985)那里得到灵感。按照这些古典研究视角,社会身份认同可以被定义为人们在与其视为模范的某些人或某些优先群体的互动中自我建构一种身份的倾向。身份认同既是一个过程也是一个产物(Bullis & Bach,1986)。作为过程,组织的身份认同可以界定为自我概念的发展,对于某个个体而言,自我概念就是把自己的组织归属整合到对自我的定义中去(Dutton,Dukerich & Harquail,1994);作为产物,组织的身份认同一般被概念化为一种认知建构,对于某一个体而言,就是一种对组织的归属感、与之融合为一个整体的印象以及其自身价值观与

组织价值观存在一种共鸣的感觉(Ashforth & Mael, 1989)。关于组织身份认同的其他一些定义强调这一概念的情感维度。在这种情况下,组织身份认同可能也和(个体)与认同的(组织)对象维系一种情绪上的积极关系这个愿望联系在一起(O'Reilly & Chatman, 1986)。

关于组织身份认同的这些多种多样的定义意味着组织成员们在其组织归属感和自我概念之间已经建起了一种认知性的联系(对组织的归属感,对组织价值的内化)或情感性的联系(成为这一实体中的一员的自豪感)。因此,考虑到所有这些方面,我们采纳这一定义:组织——在本书中指学校——的身份认同是个体对组织的一种认知性和情感性依恋的形式,当界定某一组织的那些特征被其成员拿来用于自我界定的时候,成员便有了对组织的认知性依恋和情绪性依恋。

还有就是,个体对组织的身份认同可能或多或少会得到发展。某一组织的某个成员越是表露出倾向于通过借助被认为是用于定义组织的属性来进行自我定义,人们越是认为他对其组织有强烈的认同(Dutton, Dukerich & Harquail, 1994)。

组织身份认同的(组织性)功能[①]

关于组织理论和管理科学的研究强调这样的观点,即对组织的自我身份认同也许会激励某一组织成员们的集体归属感的发展,创造或强化他们彼此之间的团结性、互动性和情感联系,最终,这也许会强化成员之间的非

[①] 要更完整地了解身份认同的组织效应,读者可以参看阿什福思等人(Ashforth, Harrison & Corley, 2008)的研究。

正式互动。并且,更多强调使组织成员团结一心而不是分裂的那些因素,也许可以改善组织内部的社会氛围。如果再加上这一点,即身份认同也许可以帮助那些投身组织工作的人从中找到意义所在,那么我们似乎可以把他们对组织的身份认同和他们的某种生活品质及在组织内部感受到的某种职业满意度联系在一起。

于是,有如此特征的组织可能与共同体模式类似。这里我们借用费迪南德·托尼斯(Ferdinand Tonnies)引入社会学领域的这个词汇来指称一类具体的社会关系,这类社会关系可能在组织中占优势。按照马克斯·韦伯使用的定义(Weber,1922),这类社会关系就是建立在某种共同归属感基础上的一种社会行动之禀性。作为关系类型的共同体和联盟关系不同,在后者中,行动之禀性来自一种对理性利益的透彻理解(Bagnasco,2005)。

组织身份认同的其他两种利害关系值得提出来,它们涉及组织未来成员或以往成员对组织的身份认同。一方面,一所高等教育院校的潜在招生生源如何也许和外部人员针对这一院校的自我身份认同能力及愿望有关(Mael & Ashforth,1992;Baker & Brown,2007);另一方面,根据一些关于美国和英国重要大学毕业生的研究来看,毕业了的学生对母校的身份认同同样影响他们是否会以各种各样的方式支持母校:向母校进行财政捐款,提供从志愿者活动到政治辩护等多种服务(Sung & Yang,2009)。在大学为了追求卓越(世界排名)而彼此竞争加剧的背景中,对于大学来说,上述这些问题变得重要,并代表了它们的一些策略性目标。

因此,在这类研究文献中,个体对组织的身份认同被视为是一种适合予以鼓励的、合乎愿望的对组织的依恋。① 然而,有些研究指出了组织身份认同的阴暗面(Elsbach,1999;Elsbach & Bhattacharya,2001)。如果个体整天疲于工作,如果他对组织有一种极端的身份认同,那么对于他而言,工作和生活早晚会失去意义。这里存在的另一危险是,这类组织成员看不到组织的不足或难以指出其欠缺之处。但是,对于个体,同时对于组织而言,相对于所期待的收益,上文所描述的对组织的身份认同可能有的潜在消极影响似乎是暂时的。而且,一些研究者表明,除了"古典的"关于组织身份认同的观点②之外,人们有很多方式通过组织联系来定义自我(没有组织身份认同、矛盾的组织身份认同、中立的组织身份认同等),他们同时强调这些组织的身份认同形式对于组织而言并不是积极的。关于组织身份认同结果的实践蕴意的讨论事实上转向了组织身份认同的方法问题,即怎样的方法和手段能够有助于强化古典方式的个体对组织的身份认同,而弱化或消除个体与组织之间其他形式的关系(Kreiner & Ashforth,2004)。

管理方面的研究文献如此赞美得到高度发展的组织身份认同,因此,我们丝毫不会感到惊讶地证实这一点,即组织身份认同不是一个组织偶然留下的过程。显然,组织努力去控制这一过程,运用一些沟通策略和影响策略来让每个成员与组织融为一体。因此,组织身份认同这个概念的意义在于它是对组织印象控制视角的补充(参见第3章)。

一方面,组织形象问题从来不能简化为学校领导在诡计游戏中可能会玩弄的其中一个变量。它同样涉及要考虑人们对自己组织的身份认同问

---

① 一些毕业于管理学院的研究者常常进行这类关于组织身份认同的研究,这些研究常常是应用性的,其目的在于为企业献计献策。确实,管理科学生产出的知识的认识论立场至少是(理论和应用)混合的。
② 所谓"古典的"对组织的身份认同,即对组织的依恋和认同感。——译者注

题。组织形象的破坏可能对学校成员个人产生冲击,并在他们心里激起情绪上的反应(羞愧,气愤和悲伤)。由此,为了扭转组织被损坏的形象,组织成员的行动意愿不一定是处于单纯的组织性目的和工具性目的,而可能来自个体动机和其自身的价值观,因为修复组织形象的行动同样可以帮助他修复自我形象和自信心。另一方面,上文所表述的共同体论所传递的"组织生活是和谐浪漫的"这样的愿景是极其值得怀疑的,并可以作为一种温和的权力形式、一种不言明的组织规范控制来加以研究。与"新资本主义精神"(Boltanski & Chiappello,1999)一致的管理方法和论述,借用福柯的概念被很自然地解释为旨在束缚(个体)主体性的机制(Petitet,2005；Townley,1993)。

但是,我们在这一章中[①]的论述目的不在于此,而更多在于从一种可能算是个体对组织归属关系的、本义的社会学视角提出一些可应用在学校领域的路径。我们也将努力弄清楚新的、后官僚主义的监管模式如何能够生发以及可能的话强化个体对组织的身份认同现象。

组织身份认同,一种社会学视角

上文中介绍的关于组织身份认同的社会心理学定义需要加以补充完善。某一个体与某一组织之间的依恋联系不只是一种属于个体的内在过程。确实,个体在与他人的互动情境中以及通过他人目光来呈现自我的时候(Ashforth 等,2008),也就是说,个体观察到自己作为某个组织一员

[①] 关于把组织身份认同过程作为组织努力施加影响的一种权力技术的研究,读者可以参看第5章。

的社会身份被有意无意公开而在对话者那里激起某种反应的时候,他会体验到自己社会身份中的组织维度在发挥作用。因此,个体与组织的联系和对它的依恋程度(即身份认同的强度)取决于他人得知个体归属这一组织时所做出的反应,而他人的这些反应就像这个组织成员可能预先估计的那样。这也把个体对组织的这种心理学上的依恋变成了一种人际互动和社会性过程(Dutton 等,1994),因此值得我们进行(微观)社会学分析。

被赋予的身份—被接受的身份

从社会学角度来说,身份认同被理解为一种归类或制度(机构)归属过程,通过这一过程,制度(机构)"强加或认可某人具有某一身份,并可能限制他改变他自己建构的自我形象"(Akoun & Ansart, 1999, 264)。在这个意义上,在某一学校就读或就职,是某所学校的而不是其他学校的学生或教师,这样的事实客观上参与了某一个体的社会身份之某一维度的定义。因此,个体归属某个既定学校,即使这一归属是短暂的,原则上都会和其身份的其他维度一样(职业身份、国家身份、地方身份、宗教身份等),成为他社会身份的一部分。

虽然如此,但个体拥有能力来抵抗这些被他者强加身份的企图,他们不会轻易且消极地放任自己被定义。组织成员可以不接受他人递过来的镜子来看镜子中的自己。对这一点的认识引导我们区分出两个不同性质的身份(认同)过程:外在赋予和内在赋予。正如杜巴重新使用戈夫曼(Goffman,1975)的"(身份)明晰论"所强调指出的(Dubar,2002),个体身份的建构是在其各种行动体系和其所"体验的历程"间的链接中发挥作用的,个体的各种行动体系使得个体可能会用多种"可能的社会身份",而在"体验的历程"中,个体参与其中的"真实社会身份"锻造成形。

对于社会身份,个体不一定经受得起,即使在戈夫曼《避难所》(Goffman,1979)中所描述的那样彻头彻尾的制度机构里也是如此。自我呈现,作为个体展现自身社会认知的时刻,且因此是个体各种身份上台表演(Goffman,1973)的时刻,成为研究个体如何管理自己社会归属的一个优先切入口。比如,行动者们可能想在几个场景中演戏,而根据情境的不同,他们可能对自己的组织身份认同,或者可能与之保持距离,躲避在"表面身份"背后(Mucchielli,2009)。

因此,社会学家感兴趣的是个体如何使用、接受或拒绝向他们提供的制度机构归类或官方归类(Avanza & Laferté,2005)。某一组织的成员们何时以及在什么条件下发展对自己组织的或多或少强烈的身份认同呢?是否有一些社会条件更有利于发展某些类型的组织身份认同呢?

学校地位对组织身份认同的影响

不是所有的组织都处于同一条水平线上的。我们认为,个体对组织的身份认同过程尤其取决于有关组织享有的地位或社会声誉。

组织的社会归属可能给其成员带来更多积极影响或更多消极影响。我们原则上认为,个体可以从在公众舆论或社会环境中享有良好形象的组织中获得好处(自豪、自信等)。如果某一个体有理由认为其所属的组织有积极的形象,他也会更愿意标榜自己作为此组织一员的社会身份,而不是其他的社会身份。相反,不良的组织形象是令个体惭愧和蒙羞的潜在源泉,换句话说,对于这一组织的成员来说,这种不良组织形象会让他们在社会上感到耻辱(Goffman，1975)，并因此让他们想出一些自我介绍策略来与自己的组织隔离开来。

这里涉及对一种更普遍的社会心理学现象的组织学译解，这一现象以"沾光(BIRG)"效应之名广为人知(英语 basking in reflected glory 的首字母缩写)(Cialdini 等,1976)，也就是说从与某个社会成功人士或集体的联系中获取一种间接的符号利益。个体在身份上的获益通过其自尊心增强而典型地反映出来。这种身份获益机制尤其常常表现为支持者和粉丝对著名的体育队或明星们的狂热崇拜那样。如果说个体们倾向于彰显他们和成功人士或团队的关联的话，那么我们也可以看到相反的倾向，他们会倾向于隐藏自己和失败者的关联。荣誉是昙花一现的，两种态度可能相继而至。正如吉拉德(R. Girard，1982)告诉我们的，昨日偶像有时候会沦落为替罪羊。

然而，已有的经验研究呈现了一种更为复杂且差别更为细微的现实。当然，学校成员对学校的身份认同根据学校的地位不同而发生变化。一所地位较低的学校的成员一般对自己的组织归属满意度比较低，并且对作为组织成员的自我身份认同倾向更弱。即便如此，也可能有例外情况存在。同样，一所学校地位越高，其成员越倾向于彰显其组织归属，但这也不一定是真的。组织地位与个体对组织的身份认同之间的联结不是简单线性的，个体们似乎倾向于在荣誉缺失和荣誉盈余之间寻找一种平衡(Brewer，1991)。成为一个声望低微的组织中的一员，或者相反，成为一个极度声望卓著的组织中的一员，都会面临被打上社会烙印的危险。而且，学校的客观地位并不能单独决定学校的身份，也不能单独决定其成员和它维系怎样的关系。个体对学校的身份认同同样取决于学校的组织形象，至少取决于其成员想象的外界眼中的学校形象，或其被成员们和周围环境感知、解释的方式。我们下面将给出两个非常不同的案例来说明这几点,这两个案例是从我们自己的研究中抽取出来的。

一所"和其他学校"一样的学校

积极分化政策措施所针对的学生群体或学校有被打上烙印的危险,这是人们对补偿性教育政策一直都有的一种批判。既然,按照其原则来讲,这些行动是针对某一既定群体的,那么只要消息稍有公开,便会让指定接受补偿性行动的群体或学校有被打下烙印的危险。这些学校的学生难以对自己的学校有积极的身份认同,这一事实不会让我们感到惊讶。当在社会隔离之上再加上学校隔离,在这些有时候被称为"贫民窟"的学校就学的学生意识到自己被流放到学校教育制度的边缘地带时,他们会形成一种"虚弱而摇摆不定的身份"(Vienne,2005),这将导致他们针对学校做出一些反应,或者退缩一隅、冷漠懈怠,或者表现出反抗学校秩序的行为,甚至在某些情况下表现出暴力行为(Donnay,2008)。

对这些补偿性教育政策的享受者而言,"积极分化之校"的标签沉重得难以承受,这样的标签也可能会早早摧毁教师和社会工作小组的工作热情。而这些学校的成员们常常拒绝蒙受这种耻辱。他们采取的一种个人解决方法就是逃离学校。在"城郊学校"中被证实的大量师资流动(van Zanten,2001)就说明了这类策略。学校人员采取的另一种解决方法就是主要通过重新界定学校那些所谓的侮辱性特征来改变群体。这可能表现为他们承认自己学校与其他学校客观上存在差别,从而回到这种耻辱烙印的源头。当这类学校的教师决定重新把教学任务放在首位,并强调教师社会角色的价值的时候,我们就会看到他们对此所做的努力。另外一种没有如此彻底的策略表现为这样一种倾向,即学校成员们更多地倾向于按照自己学校和其他学校类似而非不同的逻辑来自我定义。这正是我们几年前在比利时一所被划归为"积极分化之校"的中学里所看到的情形(Draelants等,2004)。

这所比利时公立学校位于卡勒罗伊①郊区,正如其社会经济指标所证实的那样,它是周边区域内处境最不利的学校之一。虽然客观上和大多数学校存在差别,但是这所学校的行动者们提出不要让自己的学校和其他学校不一样。如果我们想到前文中已经阐述过的内在身份赋予和外在身份赋予之间存在张力(Dubar,2002)的话,就会理解这种表面上的悖论。对校外人士来说,学校被"积极分化"这样的事实一般就是因为学校里有一些消极的情况存在,而这种认为这所学校就是"困难"学校的刻板印象是和积极分化之教育政策勾勒出的受益学校的形象②联系在一起的。学校领导层和教师们特别强调自己的学校事实上没有问题,由此他们宣称要脱下如此低微的耻辱烙印和符号,而其他人可能仍然会这样看待他们。当他们宣布"我们没有问题"的时候,我们因此应该听到"你们不要看到我们的学生是谁就想象这是一所困难学校"这样的呼声。

自觉接受一种精英身份?

要具体表达组织形象和文化并将之传达给成员们,有很多的社会化机

---

① 卡勒罗伊和布鲁塞尔、安维尔、冈以及列日是比利时的五大城市,但也是其中最贫穷的大城市,因为其以往的煤炭工业和钢铁工业的重组遇冷。
② 在比利时,享受补偿性教育政策额外资助的学校名单是不公开的,这可以消减(人们对这些学校另眼相看的)危险,但也难以完全杜绝这种危险。事实上,这所学校被列入积极分化学校的名单,源自近些年来其新入学学生来自非常不利的家庭以及移民家庭,因为其相邻的一些学校关闭了。这种学生群(社会文化背景之特征)的变化改变了校外民众对学校的形象认知,并对学校形成了一种威胁。确实,学校校长以自身的经验认为,学生群特征的变化使得一些家长打消了让自己孩子在这所学校注册就读的念头。

制和过程可以用(惯例、符号和象征、仪式、记述、规则、宪章、手册等)。这些机制和过程在精英学校里尤其得以发扬光大，精英学校常常被描述为完全能够创造团结融合、生产一种真正团体精神的制度机构。

在法国，当一名大学校预备班的学生通过了通往一所声望卓著的大学校的最高难度会考的时候，对这所大学校的归属客观上已成为其社会身份的一个构成维度。会考成功意味着被大学校录取的那些学生的客观地位与角色发生了改变："学校教育体制通过官方任命行为颁发一些排他性的头衔，这些官方任命行为划定出一些群体，这些群体是按照归属和排除双重对立逻辑建立起来的，它们把成员们集聚起来参与到这种在社会上被制度化的实体之中，其社会身份通过被强加的名称（"师范生"，"综合理工大学生"等)加以制造和予以指称"(Bourdieu & de Saint-Martin, 1987, 18)。而且，像"师范生"或"综合理工大学生"等可用的一些称呼反映出（对社会归类的）实体化，它们证明存在一种个体对组织的身份认同过程，以及这种过程可以立刻加以使用。这些精英院校为新生设立的欢迎与纳入仪式是一种证实新生社会地位的方式，学校通过一场鼓舞人心的讲话，确认和巩固新生们会考成功并被精英高校认可这一事实，从而真正地从制度上证实新生们的精英角色。

然而，单纯执着于个体身份的制度机构的内在框架就过于简单化了。如果我们集中研究下学生们的经验和言谈的话，就会发现，在研究更具活力的个体对学校的身份认同过程的时候考虑他人眼光在其中发挥的作用是有意义的。确实，个体地位和角色的变化在他人眼光中也会反映出来。个体在与他人对话中一旦说出这些大学校的名字，在对话者（不论是亲朋好友还是关系更远的人甚至陌生人）那里就会引发对此个体进行社会归类和贴标签的过程,这个过程是以他所归属学校的声望和学校学生的声望为基础展开的。在他人看来,某一个体进入大学校就是进入了另一个世界,这个世界与众不同,是常人难以企及的,满载着它的那套形象、甚至人们对它的积极或消极的刻板印象。对精英的如此认同不只属于精英群体的成员们,那些被排除在这一群体之外的人也对精英有如此的认识。"具体来说,我们所谓的大学校'声望'可能就是个体对精英的归属所产生的效应,个体的精英归属不仅是在大学校内部的,也是在大学校集群之外的。"(Heinich,2004,323)

正如我们在其他论述中所表明的那样(Draelants & Darchy-Koechlin, 2011),虽说我们偶然会遇到一些学生对自己就读的大学校超级认同,这在那些改变自身文化的"阶层背叛者"[①]案例中尤为典型,不过大多数学生在日常生活中的大部分情况下倾向于掩盖自己的组织归属。[②] 比如,大学校的学生希望和被规定特征的(自己作为大学校学生的)角色,至少是他们自己想象的这一角色保持距离,因为考虑到他们对自己学校声望的内化,学校声望对他们行为的管制首先是他们的自我管制。而通过隐藏自己大学校学生的角色,他们可以部分逃避开这一角色带来的让他们与他人太过不同的身份压力(Elsbach & Bhattacharya,2001),避免某些可能的

[①] "阶层背叛者",这里指那些进入大学校但来自不利阶层的学生。按照布迪厄等人的说法,这样的学生要在所谓的"精英文化"主导的学校教育体制中成功生存,需要经过与其原生家庭文化的分离和艰难的"文化适应"过程。——译者注

[②] 不过,在另外一些情况下,当(这些学生发现)声明自己归属某个有声望的院校能够让他们获得工具性利益的时候,他们会完全自在地标榜自己的这一身份的。这类的典型案例是他们和某个潜在雇主互动的时候。他们在简明扼要的简历中把自己的大学校学生的身份放在前面。其学校声望成为他们的代言,只要点明自己学校的名称就足以保证(让他人相信他们具有)某种潜能,甚至能力,并因此吸引对话者的注意(Draelants & Darchy-Koechlin,2011)。

威胁和限制,因为大学校的声望可能在某些时候给他们自身的形象带来损害,缩小其行动空间并让他们在与某些人对话的时候处在尴尬的境地等等。

学校精英们策略性地管理自己的学校归属,根据具体情境来标榜或避免把自己和声望卓著的就读学校结合在一起,这种倾向也应该被理解为一种他们保护自己不受精英主义烙印影响的方式。在法国,这种大学校体制在社会不平等再生产和大学校生源所呈现出的社会阶层的封闭形式中发挥何种作用,人们对此展开的辩论异常激烈(Draelants & Darchy-Koechlin, 2011)。

身份认同：舞台实践与后台实践

大学校的学生们与其假定的国家精英角色保持距离,甚至转而对此嘲笑讽刺,这一事实丝毫不意味着这些学生对其学校没有社会心理学家所谓的身份认同(参见这一章的第一部分)。

我们再借用戈夫曼的剧场隐喻,确实,重要的是要区分与学生个体对学校身份认同有关的舞台实践和后台实践。个体在内心深处体验的身份感不一定和他们表面上的自我介绍相一致。

在这里,一个人身份的深刻性和真实性不是我们考虑的问题。每个行动者既有一种社会水平上的身份,也有一种个体水平上的身份。前者属于他的各类社会地位和角色范围,第二种身份在多个程度上则只有其少部分亲密伙伴可以了解,社会学家无法抵达那里。因此,这里展开的关于个体之个人身份的研究视角和戈夫曼关于自我的观点相吻合,更像对一种个体身份之表面效应的研究,而非对绝不可能到达的个体秘密内心的探究。小说

《我,夏洛特,西蒙》叙述的故事发生在美国精英大学生群中,汤姆·乌尔夫(Tom Wolfe)完美刻画了主角内心深处之身份的不可触及:

> 他的包是淡紫的杜邦色,带着黄色的斜体字母 D。只有无能的人才穿戴象征大学的外衣或包袋或无论什么,就好像他们认为自己对大学的归属是一个自我的事件。确实是这种情况,而叛逆的附庸风雅者的时尚则是对此不言一语。(Wolfe, 2006, 241)

大学校学生流露出来的这种与自身学校的脱离同样可以认为是他们的一种外在表现,一种卖弄做作,这反而证明了他们成功社会化的过程。因此,他们与学校保持的距离是暧昧和矛盾的,甚至是虚假的,它具有某种被强加的姿态,这就是布迪厄所谓的"非顺从的顺从",而布迪厄认为事实上这就如同学生与其学校完成整合的一种证明。精英学校确实属于那种崇尚与其自身世界保持一种距离的环境或群体(Bourdieu, 1989)。

就对自身身份的认知而言,把与其社会归属有关的参照因素放在第二位,而更看重其人格参照因素并最终看重其个人内在身份,这种倾向随着个体所归属社会类别的不同而不同(Lorenzi-Ciodi & Dafflon, 1999, 135)。统治群体和其他群体不同,他们尤为看重其成员的个体性。为了不与统治群体的价值观发生冲突,其成员们会避免承担集体特征破坏个人特征的后果,并会倾向于认为自己和群体中的其他人没有什么相似之处(Lorenzi-Cioldi, 2002)。著名的国家行政学院(ENA)的学生也是如此,以至于我们可以这样说,"没有一个 ENA 学生认为自己和其他人一样,每个人都认为自己是'独一无二的'"(Bellier,1997,53)。

角色和身份

从本质上来讲,身份认同的社会学视角引入了对身份(内在概念)和角色(外在概念)的区分。角色指称这一事实,即在一个社会体制中,对某人行为举止的社会期望,或者换种说法,对他作为某个角色占有者而建构的关于"客我"的社会定义,这些都与其地位相对应(Stryker & Burke,2000)。在这一视角中,客我是个体与他人互动的产物。人们通过与他人的互动发现自己是谁。在这里,客我不被认为是一种自主的心理学实体,而是多重侧面的社会建构,它来自个体在社会上承担的那些角色。

角色和身份之间的区分反映了一个古典的社会学论辩,我们也许可以对这一论辩做如下总结:社会角色,这一套规则定义一个人身份的具体方面(父亲角色、医生角色等),但是它只是如同个体钻入其中的一个信封那么简单么?当我们进入父亲角色或医生角色的时候,会接受有关的道德价值和行为体系,成为这个角色规定的样子。考夫曼(J.-C. Kaufmann)在著作《女性的身体,男人的目光》一书中重申,就这一点来说,人们常常论辩的问题在于要弄清这一角色在何种程度上只是一个面具,就要理解一个人内心深处的身份和其当下扮演的角色之间存在何种联系(Kaufmann,1998)。考夫曼没有声称要解决关于是否存在一个真正的自我、一个人的身份是否与他那些假借的角色截然不同等这些论辩问题,他认为,角色不只是一个信封,它界定当下的个体,有时候界定整个的个体。当人们进入父亲或医生角色的时候,便承担了与之相关的价值和行为体系,成为角色规定的样子。① 从长远来看,这难道不是自此可以重新定义一个人的身份吗?

在任何情况下,似乎从角色走向身份都需要时间,这是一个众所周知的现象。彼得·伯杰(Peter Berger)在谈论这个问题的时候,举了这样一个案例:一位年轻的军官最初在接受路上遇到的列兵敬礼时感到尴尬不安。他觉得带着新的军阶饰带如同化了妆一样,自己就像在一个陌生的身体里。他认为军装下的他仍然没有变,并把这一想法告诉别人……在伯杰看来,他的这种态度不可能持续很久,因为角色会改变并规范行动者及其行为。随着时间的流逝,他不仅会作为军官来行事,而且也会感觉自己就是军官,他最初在接受敬礼时的尴尬将会消失,以至于后来他会认为,对长官的服从和尊敬是士兵必须遵守的事情,并且在士兵忘记敬礼的时候还会加以惩罚。伯杰得出结论,按照一般规则,"人们成为他扮演的角色的样子"(Berger,2006,135)。伯杰认为,反思自己所承担的角色和角色给自己带来的变化,这也许不是人们必定会做的事情,而是例外。

因此,关于角色的讨论让我们回到关于身份的讨论。我们看到,这两个概念紧密联系在一起,并更多地是相互补充的而非相互对立的。但是,在当前学校背景中,这些联系如何发展变化呢?新的后官僚主义监管方式对个体的角色和身份有什么影响呢?

---

① 角色不只是从外部影响个体可见的行为,也改变他们的存在状态。"角色实践(让个体)产生既定的行为,也产生相应的情绪和态度。让自己看起来学识渊博的教授最终会如此感觉。传道者最终会相信他布道的东西。(……)而且,很多时候,我们有充分的理由认为,在行动者扮演角色之前,在他的意识里不存在相关的丝毫东西。简言之,某人成为学者,因为他被任命为教授,从而在实践中生发信念,(因为)实践蕴含着信仰。"(Berger,2006,134)

后官僚主义背景中的组织身份认同

当前教育政策强调所谓的"被动员起来的学校"组织模式,这与新的教育工作之职业模式的推广相伴而行,这一新的职业模式涉及对校长和教师角色的重新界定。前者(校长)被要求成为学校的管理人,变革的企业家,后者(教师)被鼓励发展自身的反思能力以及与同事们融洽相处。这些关于学校员工对学校身份认同的政策若付诸实施会带来怎样的后果,这还从没有被研究过,但是在后官僚主义背景中把学校员工的角色和身份分离开来无疑更为困难。确实,在学校制度的世界里,正如杜拜所解释的那样,"反思性主我从来不可能和它的社会我完全混为一谈。正是在这一点上,'制度计划'①从根本上来讲是现代的"(Dubet,2002,35)。他继续指出,伴随着现代性的产生,出现了角色概念,正如我们从古典社会学传统那里学到的那样。然而,在当前的管理计划那里却正好相反,为了增加劳动者的生产力和行动效益,它努力发展劳动者对其职业角色完全的身份认同。我们从中看到了组织论对学校世界不断增强的影响,人们常常将之定性为学校的现代化,但是从这一点上来说,它实际上是完全反现代的。

因此,"制度的衰落"改变了学校行动者的角色和身份,但这是以一种可

---

① 制度计划(le programme institutionnel)是法国社会学家 F. 杜拜提出的一个概念。他希望通过这个概念关注到制度机构、个体和其主体性之间的关系。概括来说,在杜拜那里,制度机构可以被视为组织和关系性机制,负责把个体培养为既定的社会人,但同时其又有主体性。他在著作《制度的衰落》一书中对此做了简要解释:制度计划的魔力在于,一方面,它向个体灌输符合社会生活要求的惯习和身份;另一方面,又向个体传递一些共同的价值和原则,把他从单纯的社会整合中拔出来,让他成为一个能够自我掌控和因为信仰与理性而建构自我自由的主体。——译者注

能非统一的方式进行的。我们可以提出这样的假设，即成员在组织中所占据地位的不同，使他对组织的身份认同也随之不同。组织的某些成员只是因为在组织中位居高位而对外成为组织的代表和代言人，他们可能因此对组织有更强烈的身份认同。就学校而言，校长显然就是这样的。作为面对外界的学校形象代表，校长们因为工作使然，更在乎学校的声望，某些人对学校有非常强烈的身份认同。这正是安妮·巴里尔（Anne Barrère）在关于法国学校校长的调查中所观察到的情形，她甚至使用了"自我—学校"一词来描述这一现象。

而且，个体对组织的身份认同过程可能是含混不清的，实际上在组织中有各种各样的社会实体（如工作团队、职业或组织内部活动网络等）。某一个体对其中一个社会实体的身份认同并不排除他对另一实体的身份认同，这种身份认同甚至强于对整个组织的身份认同。从教师职业身份问题出发对组织成员之组织身份和其他社会身份之间互动问题的探讨（Cattonar 等，2005），我们后文将会谈到。教师的职业身份认同原则上超越了其工作的具体学校。但是，正如我们将看到的，个体按照自己在工作单位中地位的不同，其调动其他社会身份的能力也有所不同。[1]

学校领导对自己学校的身份认同

被认为接受并参透新的学校教育政策的校长们具体有怎样的主体性呢？正如巴里尔关于法国校长们的研究告诉我们的，因为新的公共管理模

---

[1] 我们这里不对此做展开阐述，但是我们也可以认为，某人是否有能力调动其他参照来进行个人的自我界定，这和他在组织中的地位不无关系。处于组织顶端位置的那些人原则上拥有更多空间来改变和控制自己的身份（参见第 5 章）。

式进入学校教育领域,这些校长们的职业任务被深刻地改变和扩展了。研究者认为,校长们算是转而采纳了新的管理方式,这种新管理方式实际上对"最好的和最坏的(学校)"有重要的主观影响。校长们指出这种新管理方式的消极之处在于他们由此产生的工作负担和心理负担太大,因为自己难以和所承担的角色保持距离,它与自己融为一体了。但是,后官僚主义学校的领导们给出的主观性意见总体上仍然是积极的:"校长们声称,开展的多方面行动、充满活力的工作形象以及独自掌舵的领导感,这些也让他们对自身价值有了非常积极的认识。"(Barrère, 2006)

即使"不是所有人都被放在同样的招牌之下",只要学校做的政策小结总体上是有些积极的,且学校的声望多多少少是正面的,那么,让个体对自己的学校发生身份认同也不一定需要学校形象是正面积极的,证实这一点很有意思。研究者发现,几乎所有的受访校长都认同这样的感觉,即"自己是真正代表自己学校的"。那些无法利用这些新教育政策带来令人满意的结果的校长们仍然被劝服了,他们甚至比前文中那些校长们更相信自己可以并应该行动起来。领导那些形象不佳的学校的校长们强调自己面临的职业挑战,"直面学校被降级或成为困难学校这类的耻辱并想要扭转这一局面,或者只是想要在当地的教育市场上获得好的声望,这就是这些校长面对的职业挑战。(……)。因此,他们支持自己学校的事业,尤其当有时候他们为选择从事教育工作而放弃其他可能的职业的时候,更是如此。于是,那些所谓的'没有什么问题的(平常)学校'被描述为无聊的,或缺少职业刺激的所在"(Barrère, 2006)。

有些校长可能会因此走偏,变得自恋,因为这种狭隘的对自己学校的身份认同有时候会导致他们高度积极地表现自我,以至于我们从中感到他们认为自己无所不能,极端的情况下,他们可能会变得过度自我,并把自己定义为学校真正的"救世主"。为了自我保护,其中那些头脑最清醒的校长们试图与自己的职业角色保持或重建一种距离,"这有助于他们承担这个角色而不被它拘囿其中,也有助于他们从自己的角度重拾一种非常强烈的个人权力感"(Barrère,2006)。因此,与角色的距离就是与自我的距离,对于校长来说,这也是一种向他的同事们表明自己仍然保留着批判精神,不盲从,并没有完全接受教育部关于这份职业的新定义的方式。

在英国也有关于这种走偏情形的研究,在那里,对学校成绩的修饰包装显然为一种教育从业模式打开了大门,这种从业模式让学校的行动者们打造出一个胜利的自我——变得比以往的自己更丰富、比他人更好,也就是表现出自己是"杰出的"、"有效的"、"高于平均水平的"(Ball,2003)。

组织身份认同,一种背景化的职业身份?

如果说大多数教师的职业身份主要集中体现在其工作内容上,那么学校本身在其职业归属感的建构中同样也构成了一个主要的参照空间。

在比利时,卡托纳尔(B. Cattonar)的研究显示,在位于学校等级两端的学校(学生主要来自优越阶层的学校和学生集中来自不利社区的学校)里工作的教师们更愿意以自己学校为参照来定义自我,即使当人们要求他们具体说明自己职业的时候也是如此。此外,她观察到,在声望"良好"的学校从教的教师与在"困难学校"从教的教师之间有一种交叉性刻板印象或相互类型化的倾向,每一方都倾向于把另一方说成反面典型,来定义自己工作的内涵。

前者(在声望良好的学校工作的教师们)认为自己是"优越的",并认为在最困难的学校从教的教师们所从事的职业和自己的不一样,认为那些老师的工作更多集中在学生的(性格习惯的)教育上(而非学科教学上),这不符合他们所接受的成为教师的专业培训,而是被要求具备某些社交上的品质,以便和学生更好地打交道。换句话说,他们认为困难学校的教师们做的是"繁重工",从而庆幸自己有机会不承担这样的工作。与不利学校的这种比较有时候会让他们在面对这些学校的教师时有一种犯罪感。而有些人则对后者表达了敬佩之情:"(在不利学校工作的)这些教师热情洋溢,他们的工作不同寻常。"(Cattonar 等,2006)

在被研究者划为"平常普通"的那些学校里从教的教师们则对和在其他类别的学校工作的同行们攀比工作经验这件事情表现得比较迟钝,他们不经常做这样的事情。当他们谈到其他学校的时候,主要是为了强调这样的事实,即"他们没有什么可抱怨的,因为有些学校的工作更难做",以及不论怎样,"教师工作在任何学校都不是容易做的"。

从这些声明中清晰显现出了关于教师们职业身份之建构的"叙述",这些"叙述"划定了他们对某个具体背景的介入空间,并由此标出了自身职业的内部边界。这一切的发生就好像教师们通过"地域化"来定义自己的职业身份,这一身份界定是在一个双重过程中进行的:一方面是他们对自己学校的身份认同过程;另一方面是他们与在其他学校背景中工作的同行们差别化的过程。

因此,只要这些教师认为自己的职业群体本身存在内在差别化特征,并不是所有教师都完全共享相同的职业实践理念,那么他们对一个同质的职业群体的归属感就似乎是相对薄弱的。事实上,他们似乎与自己的职业维系着一种暧昧的关系,因为他们在谈到自己职业、它的发展变化和工作条件的时候不断提及一个未分化的词语——"我们教师",虽然他们同时察觉到不同学校的教师们在工作条件上构想和实施这一职业的方式上存在很大差别。

后官僚主义监管模式的发展也许真的加剧了这些倾向。我们会乐于做出这样的假设,即个体的组织身份常常是一种被情境化的职业身份(或者是某些学者所谓的"被背景化的职业伦理",参见 Ball 和 van Zanten,1998),我们在那些最极端化的组织("最后机会的"学校与"精英"学校)中再次看到了这一点。在被极端化的教育背景中,个体的组织身份也许会压过他的职业身份,这和在一般位于两个极端之间的、更"普通的"学校中发生的情况相反。当鼓励校际竞争和财务清算政策被推进到学校运转逻辑极致的时候,我们在上一章里看到的(那些普通)学校就会倾向于消失,它们都会发展出自己的特色(正如在英国发生的事情)。

个体对职业的身份认同和他对组织的身份认同之间的互动仍然有广阔的研究空间。这两者之间的对立一点也不明显。不过,如果它们彼此对立,个体对组织身份认同的加强也许可以通过教师们的职业团结性和工会联合性的削弱表现出来。在任何情况下,和个体对职业的身份认同情形相反,他对组织的身份认同会在校际竞争中成长壮大。

竞争和组织身份认同

正如我们在前文中看到的那样,个体在校内对组织的身份认同过程受到学校社会地位的调控。我们认为,学校与周边其他学校之间维系的"竞争性彼此依赖"关系也在其中发挥作用(Delvaux,2006),尤其当它和周边学校在一个"准教育市场"上你争我斗的时候。实际上,每所学校在当地的学校空间中都被排了座次,通过学校之间的比较过程,当地学校空间也同样对个体的职业身份认同发展产生影响。

以相当传统且符合社会身份理论(Tajfel,1981;Tajfel & Turner,1986)的方式察觉自己的学校和其他学校处于竞争状态并因此受到威胁,这可能会强化学校教师在校内的团结感和同质感,并因此强化其对学校的组织身份认同感。

这里举我们做过研究的圣-玛丽学院的案例。它是一所天主教机构,提供普通(教育)类别的中等教育(Draelants,2001)。这所学校位于布鲁塞尔的高档社区,从来没有出现过纪律、暴力、迟到和辍学问题,但是它在当下的环境中得直面几所更大规模的学校,这些学校传统上面向高贵资产阶级的子女。面对这样残酷的竞争,在推行自由择校政策、学校财政取决于注册学生数量的背景中,圣-玛丽学院领导层为了让自己与周围的竞争对手区别开来,他们采取的做法就是向外界传递这样一种学校形象:规模合理,"每个人在其中都有自己的位置",且气氛温暖,像家那样亲切。它没有依仗自己学业水平声望卓著这一点来攻击周围学校,而是发展自己的特别之处,其目标就是为了和周围学校呈现出来的那种"课程工厂"形象截然不同,以此来获得这样的一种赞誉,即这是"一所教育质量高,但学生仍然可以保持自己创造力"的学校。这种学校形象的独特性有助于这所学校在当地的学校空间中获得有利地位,并在校内被员工们视为为学校感到自豪的一个理由,同时促使师生对学校产生强烈的归属感。

努力让学校成为师生们的身份认同中心,是特别通过发展足够强大的组织文化来进行的。一名校长可能在运用这些校内策略时,干脆不在校内花费过多心思,而是通过为自己学校找到对手学校或反衬自己优秀的反面样板学校这种外部策略,不费吹灰之力来强化自己学校的凝聚力。我们重申,这一点可能显得无足轻重、平淡无奇,但是定义一种文化,既是吸纳也是排除。"我们"必定需要一个"他们",学校凝聚力也是随着划定象征性界限而产生的(Lamont & Bail, 2005)。

有时候,一个个体就足以说明这种情形,正如前些年一位教师的案例所表明的那样。这位教师曾就职于一所位于巴黎西部、设有大学校预备班的著名高中,他因为揭露学校新生受到老生捉弄刁难的事情而被开除。这一新生被戏弄事件在当时被媒体轮番报道,导致学校解雇了这个不忠诚的组织成员,并在媒体上演化为一场迷你丑闻。事件发生在我们在高中进行田野调查的时候,于是我们得以观察到这所高中的周边环境如何对其充满敌意,如何借题发挥,让它成为媒体上的靶子,最后这所学校通过领导层的灵活运作成功重新确定了其坚定不移的品行,并强化了其共同体的统一。

组织身份认同对学生选择学校的影响

我们在这一章里最后将探讨的一个和组织身份认同有关的问题是围绕面临高校选择的学生展开的,即中学以何种方式造就学生的学业视野并促进或妨碍其走向高等教育,以及高校为了展现自身魅力和吸引优秀学生,是如何发展宣传和招生策略的。

学校在学生学业雄心养成中的作用

传统上关于学校效应的研究单纯地从学校知识设置或学生对认知性知识汲取的角度来勾勒学业生涯,然而,从真实课程的角度来看,不同学校在隐蔽课程水平上存在很大差距。换句话说，我们要重申，一般被简化为教学效应的学校效应可以扩展为学校对学生的社会化效应。隐蔽课程的一个重要方面涉及我们可以称之为学生之学业雄心养成的东西。确实，我们通过提出如何让学生的社会化多样化这样的问题，在传统的学校效应问题的研究上重新关注到学生关于高等教育的期望和意愿的建构问题。

不涉及学生个体多个变量的影响，他就读的学校对其学业雄心的养成存在决定性作用，这一论题在法语区社会学界至今仍然没有广泛展开研究，但在美国，从20世纪50年代以来，它已经获得非常大的成功（Jencks，1972）。在这一时期，在萌芽期的教育经验社会学中，一些美国社会学家质疑是否存在影响学生学业期望和成功的"背景效应"。尤其在20世纪60—70年代，一系列的研究（Campbell & Alexander, 1965; Turner, 1960; McDill & Coleman, 1963; Nelson, 1972; Alwin & Otto, 1977）已经提供了资料证据，证实一所大学的社会地位和其学生的学业期望之间存在某种联系。这些研究表明了与学校的社会地位相关的制度标准的重要性，这些制度标准确定并强化了当地人有意进入大学学习的价值。这些研究进一步提出的假设是，学校通过创造一种特别的气氛和关系，协助青少年学业期望的养成，而这超越并独立于这些年轻人自身的社会经济特征。

更具体地来说，学校的组织文化在学生社会化层面上定义了一种规范化，影响着学生的角色结构和学业期望结构。每所学校或每类学校实际上向学生们施加一种文化权威，影响他们更多决定进入这样而不是那样的学业方向或职业。在具体情况下，他们更多按照学术文化价值来选择学业生涯，而反过来说，他们让自己的学业生涯远离学术文化不高的某种专业选择（Kamens, 1974）。

一些美国研究者们试图解释学校的学生构成如何影响学生学业成就的机制,他们的调查特别针对同辈效应问题(Bain & Anderson, 1974)。这些研究尤为强调作为参照组的学校同学所扮演的规范性角色,他们作为参照样板传递一些具体的规范,小组成员们倾向于让自己符合这些规范。于是,小组规范成为小组成员个人的态度。对于那些来自贫民阶层的学生来说,情形更是如此,他们倾向于采纳来自更有利阶层学生们充满雄心的学业规范,他们轻易就会对同辈群体产生身份认同。对于学生个人而言,在学校除了有机会结识高阶层社会出身的同伴之外,学校环境,尤其是由学校学生构成而发散出来的学习气氛可以为他提供更好的学习条件。

因此,一所学校的组织资源是重要的,因为它们会影响学生的同伴选择和他要接受的课程类型。这些学校本身的特征客观上有利于指导其学生走向高等教育。但是,除了学校的组织资源之外,某些研究表明,学校的组织规范也可能直接或间接促进学生进入高等教育(Falsey & Heyns, 1984; McDonough, 1994; Hill, 2008)。组织规范,或者换句话说,组织文化反映了学校对组织资源的投入。因此,在学生走向高等教育之前,我们还要近距离研究中学实施了怎样的"促进逻辑"(Hill, 2008)来让学生们愿意继续接受高等教育,尤其是愿意进入高筛选性的那些专业,因为这是他们已经了解的对象,知道是自己想望的和可能成功的。

这些研究对于加强高等教育的民主化具有政治意义,这一点值得加以强调。我们当前的研究让我们认识到,校长们和教师们并没有充分意识到他们在学生对大学之学业期望的建构中可以发挥关键作用。他们中的大多数人的言论和实践似乎建立在这样一种逻辑基础上,即修正学生们所表达出的、已经有的学业生涯要求。事实上,每所学校会按照自己的资源倾向于专注某类针对中学后世界的准备,它认为学生在这所学校或那所学校注册就读,就已经明确了自己的学习类型,并由此表达了自己在中学之后的专业方向选择①(Draelants & Artoisenet,2011)。

身份认同与吸引效应

学校的组织文化、当地看重的高等教育中的学业选择方面的制度规范等,这些都会影响学生学业愿望的建构,但是,从学生角度来说,要让自己被某所高校吸引,也应该针对它自己做些计划,事先对它有最低限度的身份认同(Ashforth & Mael, 1989; Foreman & Whetten, 2002; Highhouse 等, 2007)。

要对中学针对学生大学学习愿望之养成而实施的促进逻辑问题进行补充,我们就要关注高等院校的吸引效应问题。社会学家们习惯上关注学生进入高等教育的过程和程序中涉及的社会不平等问题,然而这个问题也需要通过研究不同类型的高等院校所使用的形象和沟通政策以及通过探查其公众接受度和所有这些因素对学生学业愿望的建构带来的影响,来更系统地分析高等院校是如何从符号上让学生了解自己的。事实上,高等院校的形象问题超越了学生能否获取相关信息的问题。它影响着学生大学学习愿望和选择的建构(Whitehead 等,2006; Baker & Brown, 2007; Bowman & Bastedo, 2009)。

实际上,在某位学生的自我认知形象和他眼中的学校形象或他瞄准的

---

① 比如在法国,高中水平上存在提供不同类别教育的学校,如普通教育高中、技术教育高中和职业高中等,其中还有更细的专业教育分化,并针对不同类别的高考,而学生未来进入什么样的大学,在很大程度上,在高中就已经多少有眉目了。——译者注

某类高等院校的形象之间也许存在某种必然的对应关系。事实上，引导学生走向大学学习的决策过程处于意义维度和行动维度的交界地带。"一个维度是认知的/表述行为的，涉及学生成绩是否适合对学校与专业的选择；另一个维度是社会的/文化的，涉及学生对自我和对学校的社会分类。"（Ball 等，2001，66）如果我们按照布迪厄的观点（Bourdieu，1966）来看，对于身为文化继承人的那些学生来说，他们对高等院校或相关专业的身份认同和社会匹配过程可能是自发进行的，而对于那些来自远离大学教育的社会阶层的学生们来说，这一过程也许就远远没有那么明显了。除了学生在决定专业方向之前获取信息的问题（学生就读高中不同，获取这些信息的难易也有所差别）之外，高等教育不同专业所具有的不同社会吸引力问题更普遍地呈现出来。

比如大学校就在自己的形象控制和沟通上投入颇多的财力物力人力和心力，以维系其"国家神话"的地位，它们被高度的精英筛选性安置在学校教育金字塔的顶端，并在知识、经济和政治精英的生产中发挥中心作用，这两者造就了它们至高无上的社会地位。如果说它们的这种声望卓著的形象对很多学生具有不可否认的吸引力的话，它们可能在前期社会化有差别的学生那里引发不同的反应。只有自信的、熟悉其中内情并有丰富社会和文化资本的学生会自在地对优越的大学校形象产生身份认同，而有些学生在家里和学校里都没有进行过相关社会化来让自己为融入大学校世界做好准备。这些大学校的领导们以及很多已经身居高位的校友们不遗余力地维护它们的声望，后者在适当的时候还自愿成为其代言人为其摇旗呐喊，对于一些学生来说，大学校在国家舞台上的至高声望可能是碾压性的，让他们难以承受其重（Draelants，2010）。只要这些知识精英、科学精英、经济精英或政治精英们的人生模式被人们视为是开挂的、太过神秘的以至于好像是虚幻的命运,他们的精英生涯和成就可能真的就具有(让学生进行)自我审查(是否够格递交申请)过程的性质,而精英学校本身将这一自我审查过程唯独归因于学生的家庭环境和学校环境。

小结

本章论述的组织身份认同概念引导我们关注某所学校的身份影响其成员们的方式。这是特别被当代关于学校的研究遗忘的一个领域。确实,虽然最近的无数研究努力理解学校作为社会化机构如何打造日常在其中活动的个体们(主要是教师和学生)的身份建构,但是,很少有研究关注个体特别参与的学校在其身份建构中占有怎样的地位。本章中勾勒的思考路径却提出,在新的学校教育政策的推动下,也许提出这样的问题应该更恰当和更具丰富性,因为新政策鼓励学校要想方设法让自己与他人有别,而且推动学校领导们去整合与政策配套的管理技术,以从员工们对学校自发的组织身份认同过程中获益,我们在前文中已经提到了这一过程可能带来的好处。

第 5 章　组织身份与权力

在一个组织中,所有的个体或集体行动者并不是站在同一水平线上来界定、控制和传达集体身份的。但是,我们在研究文献中几乎找不到关于这一关键却又平常的实情中包含何种蕴意的研究。在这一章里,我们通过强调权力追求问题,再次侧重从社会学角度来探究组织身份问题。我们将尝试弄清楚,为什么组织身份不仅是权力的追求,也是组织的建构,这些组织建构至少部分建立了组织的权力和统治的关系。

我们关于权力的概念与其说是实体论的,不如说是关系性的:权力不是附属于某一等级性地位的特性,它产生自行动者之间一种相互的且不平衡的关系(Crozier & Friedberg,1977)。当然,它取决于个体拥有的王牌,比如掌握某个特别的能力或善于使用组织规则等,但是,它也是行动者在组织内部存在的自由空间里自我把握和自我管理能力展现的结果。这些行动空间反映了组织内部"一些不确定区域"的建造,这里所谓的"不确定空间"绝对是认知意义上的。组织身份确实代表了一种特别的权力利害关系,它是围绕一种集体认知建立起来的,这种集体认知的使命就是对组织予以定性和代言。

我们首先介绍从新制度主义理论借用来的关于权力形式的一种区分方式,我们将用它来探究具体的组织身份问题。这种权力形式的区分可以帮助我们推进这样的观点,即组织身份反映了两种权力形式:一方面,作为官方版本和招贴版本的组织身份首当其冲让组织感受到规范化和文化的压力;另一方面,我们绝对可以肯定,在组织内部,组织身份肯定是通过成员之间不平衡的关系来定义的。从这一角度来说,这牵涉到要更深入地理解在组织身份的定义和协商中影响各种关系不平衡的决定性因素是什么。此外,我们认为,不同权力形式的衔接在组织承受的外在压力和为了建立最终官方版本的组织身份而进行的内部权力游戏之间被拉来扯去,这凸现出各类组织身份在其中扮演的非常关键的角色。

被夹在两种权力形式之间的组织身份

劳伦斯(Lawrence,2009)认为,权力和制度之间的关系主要包括两个维度:制度控制和制度单位的"企业化"。制度控制反映了制度环境对个体和组织行为与信仰的影响。最近因为新教育改革政策的推行,人们"与教育和学校体制的(认知性)关系"[1]发生了变化,这一变化可以被视为一种制度控制形式的体现。在这点上,组织身份代表一种特别的信念,这一信念在制度领域中受到现行规范和规则的影响与建构。推行家长自由择校政策的目的在于通过激发学校之间的竞争而提高教育质量,这一政策倾向于促使每所学校特别为此全新打造自己的身份,以有别于周边的竞争对手,一枝独秀。即便如此,当组织身份源自一个真实的组织历史的时候,它可能在抵抗制度压力的斗争中发挥重要作用。简言之,学校身份的发展脱不开具体的

---

[1] 直白一点来讲,"与教育和学校体制的认知性关系"可以理解为"对教育和学校体制的认识与理解"。"与……的关系"自20世纪80年代末以来开始在法语区教育研究界盛行,意图表明行动者深层次的价值观、世界观等左右其行动的内在主体因素。——译者注

背景。从这个角度来说,权力很大程度上不是直接地发挥作用的,它是通过框定权力关系的规范作为中介的,(因此)它几乎不会引发冲突,而主要通过组织对规范的顺应来体现,并且人们一般认为这种形式的权力是超脱于个体行动者和/或集体行动者之外的,即使在当前新政策背景下,人们与教育之新关系的制度化程度也取决于组织内部具体的工作安排方式。

制度单位企业化的概念则表明行动者为了创建、改变和变革制度而有的所作所为。在组织身份的视角里,这涉及要研究那些斗争游戏中运转着的权力失衡现象,这些斗争游戏是围绕组织具体身份的定义和合法化而散漫进行着的。我们在本章的第二部分将谈及这个问题。

制度控制

在教育世界,一些研究者(比如 Maroy, 2009)提出,在 20 世纪 80 年代就已经出现了新的标准来解读学校体制和其社会地位。人们越来越不认为学校是为了最低限度保证个体对社会的整合和参与而按照一些非人性规则对他进行社会化的一个场所,而更多地认为它是知识和技能传递的一个场所,学生对知识和技能的掌握是国家经济具有潜在竞争力的来源,可以帮助国家参与到知识经济中去。国家与学校教育有效性的关系,更普遍地说与学校体制生产力的关系变得更加紧迫。人们不再认为进入学校学习就是一个本身具有美德的社会化过程,而认为是学生能力培养的一种工具。这种对学校社会价值的重新认知伴随着国家在学校体制监管中的角色变化和学校与规则(它建立了官僚主义)之关系的变化发展。马洛认为(2005),官僚主义让位给了"后官僚主义"。确实,不论是通过国家—评价者模式还是通过学校准市场模式,国家都倾向于在学校体制的公共监管中扮演不同的角色。国家为学校教育体制确定目标,监管其"生产结果",但却让地方行动者(在学校准市场模式中包括家长)自己确定如何达到由公共权威机构确定和评价的目标。

学校教育治理模式中的这些变化脱不开学校体制中行动者的观念、思考和行动模式的改变,这些行动者在各自的工作空间里有自己的所思所行模式。在不同的水平上,按照教育体制和地方背景的不同,学校教育体制的生产压力和检验逻辑似乎取代了新制度主义者所描述的信任逻辑(参见Meyer 和 Rowan,1977)。关于学校的专家治国主义言论逐步超越了意识形态性的和政治性的言论,这倾向于把学校问题更多地变为要管理的而非要讨论的问题。

一些经验研究得出了三类观点来进一步做出解释,由教育改革政策带来的这些思考和界定教育的新方式是如何或多或少有力地进入地方行动者认知框架和实践中去的。第一个观点赞同福柯的理论,认为新的学校监管方式(后官僚主义的方式)伴随着学校权力形式的再造(从权力机制的外在性走向内部化),它通过社会技术网络和对行动者的主体性几乎看不见的影响得以扩散开来;第二个观点强调地方行动者多多少少有意识地通过打造学校身份来抵抗教育改革举措的方式,学校身份可能会作为员工们抵抗改革政策带来的多种压力的先头兵发挥作用,政策推动的改革蕴含着关于学校教育和教师职业等方面的新理念,这让学校行动者们感受到认知性的压力和规范化压力;第三种观点更多地是关于学校内部具体的工作条件和社会关系的,它进一步认为,随着学校内部运行的工作协调方式和社会关系类型不同,制度控制以不同的方式运作着。

强力匹配和主体化

在第一个观点里,西蒙斯(Simons,2007)分析了这样的情形,即越来越多的评价针对教师工作和学校工作,并且相关信息的流通日趋增强(这些评价在不同水平上存在,国际评价或国家评价),这些评价和信息沟通不仅作为一种对学校的监管形式,也特别、并首先作为一种新的学校治理体制出现。福柯认为(Foucault,1978),某个管理体制是通过一套行动计划以及它所采取的行动、管理工具和技术被证实的一种理性来得以描述的,但尤其是通过导入被管理的主体内心的一种主体性得以描述的。这种在学校领域中运行的治理体制建立在这样的观点上,即一位教育专业人士(校长或教师)在学校中采取的任何行动都可以被理解为他的一种成就,以至于行动者们认为,在一个充满竞争的环境里要判断自身成就价值的高低,就必须要生产(关于成就的)信息并得到反馈。换句话说,学校监管机制和与之配套的信息生产技术启发行动者换一种方式来看待和思考自己的职业,他们的职业是对他们自身的证明。在这样的背景中,学校政策其实是在对关于学校成就信息和外界反馈信息的必要收集中汲取自身的合法性。学校治理和它所建立的权力形式是以对由监管工具和技术引入的现实情形的主观理解为基础的,这些监管工具和技术明确是以影响行动者的主体性为目的的。

西蒙斯认为,"开放性协调法"尤其可以说明这种学校治理形式。"开放性协调法"在欧洲实行,它定义某些领域的[①]成就标准并配之可以让各国进行比较的指标(目标和量化)。就教育领域而言,这种做法不是说把教育欧

---

① 其中有高等教育和研究领域。——译者注

洲化视为国家逐步担负责任的一个过程，而更多地是从管理学汲取灵感（而打造）的一个智力空间，一些标准和成就指标构成了它的坐标，而这些标准和指标有助于判断各国学校教育的价值高低。各国则自由定义自己的学校政策，这意味着它们有责任计算、比较和调动资源来达到由这些标准来定义的成绩。换句话说，各国和欧洲之间的权力关系被这一需要运用脑力和技术的空间改变了、具体化了和合法化了。在比利时的弗拉芒大区（西蒙斯的研究里把它归为国家层级），我们可以看到类似的权力关系。弗拉芒教育部也为学校制定了一些指标，帮助它们相互比较并从中推演出自己的改进计划，而相对于欧洲而言，弗拉芒政府处于这样一个位置：在这个位置上，它的自由就是声明自己愿意作为一个与欧洲指标所界定的某个成就类别对应的机构。

西蒙斯参照福柯的理论认为，当下在学校教育领域实行的治理体制就是引入一种学校对自我的治理，对主导性规范的内化使得这种自我治理成为可能。这种管理形式在关于公共行为参照系发展的研究文献中，且尤其在教育和培训领域中受到广泛讨论。比如，奥里安等人（Orianne, Draelants & Donnay, 2008）就提出，教育和培训领域中公共行动如何改革，应该是由个体化、条件化和地域化三重运动引导的。而实际上，个体化思想反映出这样的观点，即新的公共行动形式会引发主体化方式的改变，它尤其需要教育改革新政策的受益者和具体实施的专业人士具有自主性和个体责任感。在学校教育领域，这种管理体制主要通过这样的观点反映出来，即学校，甚至教师个人要使用各级各类政策决策机关设置的相关信息和反馈来管理自己的工作绩效，内化他人对自己成绩的看法和主导性规范来理解自己的工作效率，并由此定义自己的身份。这种管理形式被称为全景敞视式，它是一种权力形式，通过一个精英对"大众"的观察和监视来进行，这个过程一般几乎是不可见的。但是，在西蒙斯看来，当前实行的这种学校教育管理体制特别是且首先是一种倒置的形式，就是说，对学校教育的检验和控制基本上可能是通过把精英放在舞台上由"大众"来操作进行的。第二种管理形式被称为共景单视式，它在学校教育领域中的具体体现是那些富有成效的学校被推上前台，专家们尝试从中推演出学校有效运转的方式，由此产生的附带影响就是要让那些差强人意的学校把卓有成效的学校当作镜子，从而担负起自己的责任。这种把榜样学校昭示天下的做法最终制造出学校身份的理想型，由于这些榜样学校的身份被放置到前台为众人所见，对于大多数学校来说，这构成了解读自身成绩以及思考如何改进自己身份的参照（参见第 3 章）。

索德和埃斯珀兰（Sauder & Espeland, 2009）提出了和西蒙斯类似的观点。他们通过美国法学院的案例，试图明确在他们研究的法学院案例中，大学排名是通过何种机制和过程改变学校里行动者的身份和具体实践的。他们从中抓取了两种机制。第一个机制是监视。这一机制和全景敞视式的观点相近，建立在学校成绩和声望被广而告之的基础上。它在行动者们（学校校长和教师们）心中激发起的感觉是自己不断受到监视，尤其是排名广告一年一次，这使得他们不敢有丝毫懈怠。这种永远被监视的感觉来自这样的事实：一方面，评价标准各种各样，并影响很多的地方政策、实践和决策（广告传播政策，课程政策，包括和对学生评价有关的政策，关于师生比的决定，教育培训和劳动市场的衔接政策等等）；另一方面，学校承受的控制是可以经由任何行动者（学校以前的和潜在的学生，竞争对手学校的工作人员，中央行政的人员等）的中介作用来远距离进行的，这些行动者了解这些大学排名,随之把它传播开来,并在此基础上对学校做出判断。第二个机制就是规范化,它让那些学校和当地行动者认识到自己同属一个由共同规范和目标左右的空间,从而把这些学校差别化并置于竞争之中。这第二个机制意味着要按照学校成绩对学校加以分类和次级分类(比如,"1/3 的学校是最有成效的学校"),从而帮助所有学校对自己的成绩进行更细腻深入的比较,并在学校不符合评价标准的时候以某些形式把它们从排行榜中开除出去。这些开除形式本身也是隐蔽的,只是借由相关的不佳学校排行榜之类和学校的狼狈名声而广泛传播。因此,规范化机制倾向于引导成绩不良的学校采取措施来提高自己,不过,这些措施可能和它自身的身份发生冲突,由此导致的附带结果就是,经过标准化评价各项指标的筛分,各个学校之组织身份的多样性可能会减弱了。索德和埃斯珀兰(2009)认为,而且,这一双重机制是由学校的"社会地位焦虑"推动和维系的,所有学校都陷入到这种焦虑之中,不论是卓有成效的还是差强人意的都是如此,这种"地位焦虑"和学校排名的特征本身有关,而排名最终是相对的、不稳定的和难以控制的。

学校身份与抵抗

以上文中我们一掠而过的福柯的观点来看,这些新的学校体制监管形式——尤其是通过结果进行的监管(Simons, 2007)和学校排名推动产生的学校市场(Sauder & Espeland, 2009),都是学校自我管理的形式,它们从实质上改变了学校的组织身份以及学校行动者思考和行动的方式。这些研究因此提出一个强有力的假设,认为组织所标榜的身份以及其成员们的实践都明显和这些组织所置身的制度环境相联系。

这一假设显然是激进的。它实际上和最初的新制度主义者在 20 世纪

70年代(Meyer & Rowan，1977)提出的观点截然相反。后者提出，学校组织几乎系统地把自己的真正实践从同构性的制度压力中解脱出来。这种观点仍然具有活力且中肯，既然另一些研究表明对学校的制度控制是有限的，且新的治理形式对学校员工的身份和实践的影响是受到限制的，这些限制来自榜样学校橱窗身份的打造(Ball，2003)，或者来自学校在当地自己的组织网络(当地学校圈)中的地位(Buisson-Fenet & Draelants，2010)，或者还来自学校本身为了避免质疑自己而重新解读学校排行榜的过程(Elsbach & Kramer，1996)。

比如，玻尔(S. Ball，2003)的研究广泛关注英国教育政策中实行的学校绩效制和教师们实际完成的工作两者之间的脱钩问题。在英国，从20世纪90年代以来，教育标准局(Ofsted)建立了一系列对学生学习的外部评价，借此发布学校排名，家长们可以依靠这个排名来为自己的孩子选择学校。玻尔因此分析了一种新的学校治理形式带来的影响，这种新的治理形式与索德和埃斯珀兰(2009)研究的相对一致，虽然玻尔所证实的情形表面上与后者的研究风马牛不相及。玻尔认为，学校绩效制对学校的组织身份确实有影响，但是其性质不同。即使研究者没有用这些词语来把这一影响概念化，他实际上也是把学校组织身份放在学校抵抗绩效政策过程的中心。在玻尔看来，我们所谓的组织身份基本上就是一些集体打造的产物，是标榜出来给人看的，它就像某种形式的屏风或防御墙，是学校保护自己的手段。比如，在英国学校教育体制的评价和督导过程中，学校打造某些组织身份，让自己可以按照现行的规范标准被评估和归类。因此，这些身份始终都不是真实的，也就是说是和教师们实际的工作脱钩的，因为它们的主要作用就是让教师们可以和把制度压力推离到一个合理的距离之外。然而，表面身份的打造并不排除教师们仍然感受到外界对学校成绩的监管引发的压力，这些压力反过来影响教师们的精神状态。

因此，玻尔更清晰地在其研究结果的解读中把焦点放在学校为了避开制度控制有意而为的抵抗问题上，在这一点上，索德和埃斯珀兰（2009）或西蒙斯（2007）的研究都认为，学校治理形式和与之配套的思维或行动图式都是默默发挥作用的，只是为学校员工划定可能的行动范围，并影响教师们自我界定和自我理解的方式而已。参照哈奇和舒尔茨（2002）的理论框架，我们同样可以提出这样的看法，即这些研究的一个主要差别就在于学校身份改变的性质上的不同。联系学校绩效制的出现，玻尔实际上认为，学校身份的变化只是体现在学校组织为了自己成为可以"审计的对象"而打造的形象，而索德和埃斯珀兰以及西蒙斯则认为学校身份的变化更深刻，他们把学校形象的改变和学校文化的改变联系起来，后者一方面涉及教师们工作时持有的基本设想，另一方面涉及他们对自己工作意蕴的界定。因此，这时候提出的主要问题就是，弄清楚在什么条件下学校形象的变化只是应对制度压力的策略，或者相反，它反映了更重要的学校身份变革。

埃尔斯巴赫（Elsbach & Kramer，1996）的研究以某种方式针对这个问题给出了最初的系列回答。这位女性研究者指出，学校组织由于接受参与排名和绩效制而进行身份改变的性质基本上取决于它自己为了把由排名给出的信息合理化而进行的认知观念上的调整。埃尔斯巴赫认为，学校排行榜导致的结果是多重的，一方面是它让人们质疑对学校的中心属性，且被极度看重的属性如何认识（比如教学任务相对于研究任务的地位），另一方面它让人们质疑学校在比较和竞争的空间里所占据的位置是否影响其员工的工作信仰。这些质疑因为来自排名的信息在学校员工中产生极其不和谐的回应而更为强烈,员工们认为,自己学校的属性和地位与排名中打造的学校形象存在很大差距。埃尔斯巴赫研究的意义也来自这样的事实,即她阐明了学校组织为了对这种差距做出解释和将之合理化而做出的几种反应。比如,她发现,学校(这里指北美的一些商业学校)会重新解释自己在排名中的"客观"地位,它们或者选择一些次级学校来组成一种对自己更为有利的比较空间,或者强调排名的某些比较特征(对它们自己也是更为有利的特征),或者凸显自己具有排名所没有考虑的某些其他特征等。至于第一种认知性战术(重新界定一个比较空间)的案例,比如某些学校会介绍自己在某方面是地方上的领袖,而不是把全国水平作为自己参与比较的基础;第二种认知战术(把排名所比较的某些特征抽出来)可以从一些学校的声明表述中体现出来,比如它们在自我介绍中会强调自己的教育大纲具有革新特征或重视创业创新等价值观等,而这些特征在为排名而进行的学校评价中并没有被考虑进去。类似这样对比较空间和特征的重新解释使得学校可以把排行榜对自己身份的影响降到最低限度,从而维系自己在比较"游戏"中的形象和地位。

埃尔斯巴赫的研究广泛强调学校在改变对排行榜的理解和解读上所表现出的自由放飞。那么,这是不是说,要研究学校如何抵抗制度控制的方式,学校在排名中的"客观"地位没有什么重要性可言呢?这种看法似乎是值得怀疑的。要理解学校组织身份在新的教育监管制度导向推动下是如何重新组建的,考虑这一维度是必不可少的。但是,关于学校组织在排名中的地位对其身份重构确切地会带来何种影响,新制度主义者内部对此看法存在分歧。有些人支持这样的观点,即被现行的制度布局放在*门外*和*不利地位*的学校组织可能会首先进行革新(Dimaggio & Powell,1983),也就是说它们在这种困境中会首先找到新的认知导向和规范导向;相反,另一些人则认为领袖学校会担负起驱动者的角色,发起真正的学校运转模式的变革,因为其作为领袖学校的优势地位有助于在更大范围内把"学校进行改革"合法化(Sherer & Lee,2002)。布韦松-费内特和德拉朗(Buisson-Fenet & Draelants,2010)对一系列法国大学校的"社会开放"政策和采纳的相关举措进行了研究,研究说明了上述两种观点的一种合成方式。20世纪90年代以来,作为法兰西共和国量才录用象征的大学校感受到为了招生生源之社会背景的多样化而产生的社会和政治压力,迫于这些压力,它们设置了很多实验性机制。最初采纳"社会开放"机制的大学校(Sciences Po和ESSEC)属于大学校集群中的头排梯队,但位列其中的二等地位。① 基于这样的地位,这些大学校一方面可以找到变革自身的兴趣,那些更优越的院校则倾向于抵制制度控制,而首先更注重如何保持现状,因为它们从中享有好处;另一方面,这些位列第一梯队中二等地位的大学校可以对其他大学校产生驱动型影响,因为它们本身的优秀具有社会合法性,且其改革先锋的角色实际上丰富了其法定身份的资本,这使得它们乐于投身其中。

布韦松-费内特和德拉朗的研究引导我们关注到与权力和组织身份之间联系问题有关的两个因素。其一,这一研究帮助我们更好地理解是什么让学校组织在制度变化的背景中产生投入自身身份改造的动机并具有相应的能力;其二,研究表明,学校组织之所以投入自身身份改造,因为这对于它们而言,是面对大学校组织场域上要与之比较的对手学校而对自己地位的

---

① 法国大学校形成了一个组织场域,这一组织场域有自己的顺序排列,其在场域中位列哪个等级,主要是取决于其入学会考的筛选强度和其对成功通过若干(大学校)会考的学生的吸引力(Draelants,2010)。

一种重新界定。这些大学校的立场推翻了埃尔斯巴赫(Elsbach & Kramer，1996)或玻尔(2003)的推理结论，这表明某些学校组织更有兴趣因为制度压力而改变自己的身份，而不只是(或者通过重新解读自身所处的环境信息，或者通过从中为自己打造某些缓冲性身份来)由此和制度压力保持距离。布韦松-费内特和德拉朗的研究说明了这样一个事实，即某个具体的组织模式(如大学校模式)的永存当然是再生产的结果(Bourdieu，1989)，但面对其他学校组织模式的竞争和来自学校教育使用者或政治权力的压力，这也是需要向前展望的事情。大学校的整个历史发展证明了其令人瞩目的适应力，它们每次在动荡出现的时候都表明自己有能力不断发展，同时保持自己的基本结构稳定不变(Suleiman，1979)。

制度控制与学校内工作的组织

通过第二个系列的经验论证和研究，我们已经发现学校运用不同的策略来限制制度控制(Elsbach & Kramer，1996)，或者对之加以抵制(Ball，2003)，或者进行机构变革来重新界定自身相对于竞争对手的地位(Buisson-Fenet & Draelants，2010)。然而，这些研究把学校组织视为整体一块的磐石来对待，并没有关注到学校内部运行的工作安排方式和社会关系。这是第三类相关研究(Spillane等，2011；Kelchtermans，2007)的具体探究主题，它们关注学校如何接受和实施新的管理形式，关注学校通过怎样的社会认知和政治过程对新的监管方式及其配套的认知参照系拉开距离、改变方向或者加以适应。

比如，斯皮兰及其同事们(Spillane等，2011)对四所成绩对比明显的学校进行了研究，这些学校对*问责制*持有不同的看法。研究尤其发现，每所学校都采用了一些组织性常规以便让*问责制*要求和教师们的本地工作实践相匹配。这些组织性常规通过创建新角色（比如课程和评价负责人，或教学革新负责人等）及通过设立一些协调机构来展开，这些协调机构旨在促进学校员工接受学校教育质量评价和督查体系所打造的学校形象。由此，斯皮兰的研究表明，新的认知性参照系的制度化是通过设立一些具体机制来进行的，这些具体机制有利于学校员工个体和集体接纳并采用新的认知参照系。他的研究也表明，针对教育监管体系改革而设立的学校组织性常规付诸实施，这会在学校内部重新发牌，同时激发产生新的领导力形式，这些新的领导力形式在关于学校效益的新观念中获取自己的合法性。学校设立校内课程协调者或评价者就是最好的例子。这些人本身是教师，他们被赋予了新的职业角色，其任务就是把学校所接受的外部评价和对课程的重新界定在校内予以合法化。

我们在科伯恩（Coburn，2005，2006）、凯尔特曼斯（Kelchtermans，2007）和德拉朗（2009）的研究中看到一个观点，它是对斯皮兰与玻尔所论证的、相互对立的观点的折中。这第三种观点认为，学校成员与教育之新关系以及与新关系配套的治理形式在何种程度上得以制度化，这广泛取决于学校具体的工作组织方式以及所有学校行动者之间协调和沟通的具体过程。我们看到这个观点的核心思想是这样的，即新的认知性参照要素能否在学校水平上受到积极回应，这要看它与学校本地的相关认知参照的适切程度、学校日程安排以及学校自身的兴趣。

科伯恩关于加利福尼亚教师集体对有关阅读教育标准化政策的适应和校本建构的研究，我们在第2章已经谈过，这里做一下简短回顾。她认为，当这个阅读改革政策付诸实施的时候，在学校水平上出现了几个教师集体的意义创建过程：首先是教师对所接到的关于阅读学习的新命令进行理解和解释；因为这些命令很多，一般来说，教师们随后会对信息进行过滤和等级化；最后就实际的和技术的细节进行协商，来决定如何行动（比如，教学材料的选择，课程时间设定或学生的组织策略）。科伯恩研究的意义在于，它关注教师对改革接受过程的认知性方面，尤其是关注因为改革付诸实施而出现的意义创造工作的教师集体参与而非个体维度。

凯尔特曼斯（2007）的一项研究更多关注学校成员的利益争夺问题。研究表明，比利时弗拉芒地区推行的学校质量管理政策在不同学校受到的待遇迥然不同，它们对新政策的接受态度被校内不同类型的利益同盟所左右：物质设备的、组织的、人事的、社会职业的和意识形态的等等。凯尔特曼斯进行的微观政治学研究的基本观点是，不论是教师个人还是集体，都在某种程度上利用督导对学校的审计和教学视导的到访来完成自己的工作日程安排。因此，从这个角度来看，学校成员对改革政策和其蕴含的教学及教育过程观的接受与合法化基本取决于这个政策的目标与教师（个体或集体）利益的适切程度。学校组织利益的案例尤其说明了这一点。凯尔特曼斯描述了这样一个案例：一所学校的领导团队利用督导提供的学校审计报告来确认自己面对教师群体的权威。这个领导团队出身教师群体，它历经艰难才获得足够的合法性来担负起新职能。比如，它从凸显自己管理学校质量的督导报告中汲取力量，来打压教师们对其领导能力的抗议声音。审计报告中涉及学校管理和学校内部社会关系的部分就这样掩盖了教师们提出的与教学实践有关的要求，并限制了报告对教学实践的影响。在凯尔特曼斯描述的另一个学校案例中，广泛影响学校成员对审计报告的接受和合法化的是教师们社会职业上的利益。在督导审计进行的时候，教师群体在某种程度上持有两种相左的观点。其中的大部分教师认为，单纯的学术目标和要求应该高于对学生其他一系列能力（社会情绪的、艺术的、手工的、身体的）的培养，这个观点和学校身份所追求的目标相符合；而少数教师则要求给予后面这些能力更重要的地位。有意思的是，凯尔特曼斯指出，各种各样类别的评价（尤其是作为人的学生能力的发展）所蕴含的隐蔽课程却最终把学校计划排上了学校员工讨论的议事日程，并证明少数教师提出的课程目标是有根据的。

德拉朗（2009）的研究采用了一种理解社会学的视角，他认为，要把旨在改变教师教学工作的改革付诸实施，需要首先弄清楚指导学校组织具体运转的"行动逻辑"是怎样的，因为这个行动逻辑赋予学校成员的行动以意义。他对比利时法语区三所对比明显的中学做了调查，研究涉及这些学校对某种教学补救机制（在反对留级的框架下提出的）的接受状况。他最终发现，学校行动者们对改革措施的接受状况在很大程度上取决于公共权力机构发布的规范、规则和法令呈现给他们的方式（尤其取决于他们的受约束程度），取决于他们感知改革政策的方式（规范限制，资源或机会等），但也取决于他们对政府的改革要求和学校更接地气的要求之间关系的认识和理解，前者来自教育监管权力机构，后者则反映了处于一个彼此依存空间的学校具体的情形如何，反映了学校内在的职业关系和动力机制，或者还反映了学校的历史和身份（学校员工认为这两类要求相互符合还是暗含冲突张力？）。

在这三所学校的研究引导德拉朗区分出三种学校行动者对改革的接受情形。其一，来自权力机构的改革要求和学校本地的要求和谐一致。对于学校成员们来说，学校进行改革不一定必须要大动干戈，因为教育监管政策确认学校已经做出的行动选择是正确的，且改革政策可能符合学校行动者们的立场。从这个意义上来说,改革和基层的愿望是相符的,它可能被基层实践者所接受,目的就是把校内的学校计划合法化。相反,当学校行动者把自己学校和自己集体的利益放在首位的时候,他们会抨击改革在学校的实施,因为改革将被学校校内主导的行动逻辑削弱力量,甚至"被破坏"。德拉朗阐明的第三种情形中,人们感觉改革要求和学校校内要求两者之间缺少一致性。然而,最终学校行动者们却表现出对教育监管政策的忠诚拥护。这种情形似乎在具体的且相当苛刻的条件下才会出现,在德拉朗研究的样本学校中,学校校长赞成改革的理念,他近乎投入战斗般地投身改革的实施之中。而且,似乎情况是这样的,如果学校能够把改革的利益放在自身的利益之前,那么它自身也会在地方上的教育竞争空间的等级排位中占据一个有利位置,这有助于它吸引足够多的学生。换句话说,在准学校市场的背景中,这样的不顾一切投入改革的策略成为一种"奢侈",不是每所学校都能有的"奢侈"。不过,德拉朗指出,这种做法在学校内会受到部分教师和很多热衷于维护学校精英主义身份的家长的抵制,从长远来看,它似乎难以为继。

总而言之,似乎制度控制的力量也取决于学校内部工作组织的具体方式以及社会关系类型。后面这一点我们在下文转向制度企业化概念的部分中会谈到,来看看组织身份建构过程中的学校组织内在的权力关系。我们将看到,组织身份的界定不一定是一个达成共识的过程,身份的定义可能涵盖着各种各样的利益争夺。

制度企业化:权力与组织身份的本地协商

在教育科学中,甚至在组织科学中(参见 Rodrigues 和 Child,2008),很少有研究明确把组织身份的定义和权力问题联系在一起，然而，我们觉得某些研究仍然或近或远触及这一问题，尤其在教育领域更是如此。我们首先探究一个古典的假设，按照这一假设，界定或参与界定组织身份的权力至少部分取决于行动者的地位，我们将介绍一些围绕学校领导层在接受和实施学校教育（改革）政策中扮演的具体角色进行的研究。随后，我们将扩展思考广度，表明行动者参与组织身份界定的能力和在相关协商中一言九鼎的能力也取决于他们的论辩能力、他们在不同社会网络中的地位和他们参与其中可收获的（个人的或集体的）利益等，这些我们在有关校本意义框架的建构过程的珍贵研究（Coburn，2006；Dumay，2009）中已经有所了解了。

我们首先来看看学校领导层的具体地位问题。斯皮兰等人（Spillane，Diamond，Burch，Hallett，Jita & Zoltners，2002）研究了芝加哥市公立小学实施问责制政策时一些小学校长所做的调解调停工作。研究者们选择的样本学校力图涵盖对问责制政策有各种不同反应的学校，他们在文章中分析了三个学校案例。第一所学校传统上是一所卓有成效的学校（尽管来自不利社会文化阶层的学生越来越多），而且它把标准化测验整合到提高教学实践的策略中去。学校领导把这一策略高度结构化：他们把教师按照两年一个阶段重新加以组织；每个阶段有一个课程主席；每个主席都是学校领导团队成员。领导团队的一个关键任务是让针对学生的外部评价信息清晰易懂并易于被教师们使用。而学校教师则相反，他们对*问责体制*则持有更多的怀疑，这种怀疑由于领导团队倡导一种特别的问责观而得以强化，领导团队认为，标准化测验是可以促进教师专业发展的一种信息来源。第二所学校在四年里换了九任不同的领导团队。在这样多少有些混乱的氛围中，新的领导团队在校内举步维艰（教师的自主性强，并对外部评价政策有明显抵制),又不得不重视外部评价,他们在两者之间颠簸摇摆。学校的教师们不认为如此的外部评价能够有助于改善教学实践,因为他们认为把自己的工作建立在这样的基础上会把学校置于"失败"境地,而且这种做法的欠缺已经得到校董会的考证。学校领导团队的立场则不同:它希望把外部评价更多地整合到如何提高学校运转的思考中去,并希望由此形成一种集体策略。然而,因为自己的根基不稳,这个学校的领导团队不得不和涌现出来的多种观点和解妥协。第三所被研究的学校由于经常性的低劣绩效而处于"查看试用阶段"。因此,它更强烈地感受到外部压力,它的学生人口明显来自不利社会阶层,当时任命的领导团队有试用期,教师专业发展策略几乎完全是按照标准化测验来仿制的(更透彻了解测验标准、解码外部评价程序、帮助学生准备测验等),其安排学校工作的行事逻辑明显是按照课程,尤其是按照在外部评价中占据重要地位的课程来进行的。在这样的背景中,学校领导团队的角色就是保护教师,为了维系和发展教师的工作动机而行动起来,并至少把改善教师教学实践的策略从外部评价中分解开来。

　　通过这三个案例研究,斯皮兰和其同事表明,学校领导团队(对问责制政策的)回应受制于学校所处地方背景和学校领导针对这一政策而想出的独特的具体做法,这些独特的做法取决于他们为了改善教学实践而以何种方式看待问责制政策。在第一所学校,领导团队为了让外部评价成为学校政策的一部分——当然是重要的一部分,但也只是其中的一部分——而对评价结果重新进行了建构。这种做法就是一种对其自身行为的控制策略;第二所学校的领导们更相信外部评价是改善教育实践的工具,但是他们面对的教师们却状态消沉,教师们看不上学校学生群的没落,认为自己因为外部评价而被外界控制了;最后,第三所学校的领导团队试图尽可能地让自己的教师从问责制的压力中解脱出来。

科伯恩(2005)的研究则再次关注到加利福尼亚两所背景(所招收学生人口方面)相对一致的学校对阅读学习政策的接受状况。这一研究更清晰地表明了领导团队对阅读学习的认识为什么以及如何建构了其领导学校的方式。第一所学校的领导团队对阅读学习的看法更为"传统",他们认为阅读学习就是阅读一系列逐步学习的文章段落,学完以后学生接受系统评价。这个领导团队认为,让教师得到专业发展就是给他们带来正确的信息;第二所学校的领导团队则更支持另一个阅读学习观,即阅读学习是以解码文章所带有的意义、批判思考和学习过程的解释等为中心的。他们关于教师专业发展的看法也以学习的社会建构主义模式为基础。

关于学校领导团队如何影响学校对改革政策的接受状况,科伯恩区分出三类过程,领导团队通过这三类过程影响学校内员工对改革政策的意义获取过程。首先,学校领导团队会影响学校成员们对改革政策信息(或更一般的背景信息的)的获得,因为他们会系统选择一些符合自己关于阅读学习之主导看法的专业发展活动。这方面的一个值得我们关注的例子就是,科伯恩研究的第一所学校只有一名教师接受了关于"立足于文学"视角的培训。其次,学校领导团队会影响教师们建构自己对改革的理解方式。第二所学校的领导团队经常把阅读学习和数学中的问题解决相提并论,他们由此向教师们表明自己对阅读学习的看法,即阅读学习就是让学生们认识到要理解一篇文章需要使用一些方法。最后,学校领导团队会影响教师职业发展的"社会、文化和结构性"条件(Coburn, 2005, 496)。

然而,把围绕学校身份的界定而纠缠成的权力关系概括为学校领导团队和教师之间的等级关系,这也许会简化掉一些东西。在关于组织身份界定中运行的其他"失衡"形式的稀有研究中,根据框架理论进行的那些有关教育领域的研究(Coburn,2006;Dumay,2009)举足轻重。这些研究的目的在于破解某些教师或教师小组如何脱颖而出获得比其他同事们更重要的"发言权",以理解并框定问题,并由此在学校身份的定义中标记自己的"印记"(Johnson,2007)。这些研究试图形成这样的假设,即一些问题被框定为重要问题,对这些问题的界定和解读对于教师们来说是一个关键,因为这个定义和解读过程与教师们定义自身的工作条件和赋予自身工作的意义是有关联的。比如,杜麦的研究(Dumay,2009)表明,对学校身份关键维度的框定和定义过程是通过一些教师小组之间的不对等关系运转的。杜麦的研究对象是比利时法语区的一所小学,这所学校的教师们职业境遇欠佳。其研究表明,高年级(小学5、6年级)的教师们为界定学生成绩不佳的归因和相关的解决途径而生成的解读框架占据主导地位,并被强加于低年级教师(小学3—4年级)。高年级教师的学业成败归因观在学校中的主导地位既反映了高年级教师采纳了比利时法语区教育政策看重的一种教育实践模式,又反映了这些教师在学生学程中的地位,这使得他们对3—4年级(低年级)教师的教学实践结果有了发言权(而低年级教师则非如此)。但是这也反映了在情境的定义和框定中,高、低年级两组教师就各自的地位上有一种协商。

弗利格施泰因(N. Fligstein,2001)提出了社会能力概念,他尝试为这样的观点提供一种理论实质,这一观点就是某些行动者可能会在基层本地的认知导向和组织身份的定义中发挥更重要的作用。他支持这样的论点,即某个观念和举措在本地的制度化过程是在这样的背景中进行的,在这一背景中,行动者们彼此竞争,从而生成一些互动规则来稳定局面。弗氏认为,组织的本地规范是通过一些相关行动者群体的对抗来自我建构的,这些群体之所以对抗,或者是为了维持现有规则,或者是为了改变现有规则,因为这些规则不能再为其利益服务了。此外,行动者们具有或多或少重要的社会能力,也就是为了生产、抵抗或再生产一套规则和身份而激发行动者们合作的能力。在这一视角中,行动者(个体或集体的)当然受到场域中现行规则、社会实践或认知框架的限制,以及受到自己在场域中具体地位的限制,不过,他也是头脑清醒的,注意到其中充斥着权力游戏,能够解读他人的行动意图,并影响他人构想现实和左右社会互动之规则的方式。

巴蒂拉纳(J. Battilana, 2006)继续这样的思考,她最近对个体发起组织规范改变的能力和倾向之决定因素提出了一种概念。她认为,个体发起组织规范改变的倾向和能力与不同的因素有关。在那些属于组织中地位低微的群体或社交网络的个体那里,改变组织身份和主导性组织规范的倾向可能会更强一些,既然现行机构认为他们的价值不如组织内的其他群体,那么他们就更愿意揭竿而起。这些行动者的能力是有限的,不过,他们一旦与高地位群体的成员保持密切联系,其能力将会增强。反过来说,那些地位等级高(也就是说在组织的正式结构中)的行动者拥有更大能力来改变制度规则,包括组织身份,因为这些人对现行的规则和规范了解得更透彻,更有合理根据来发起变革,并且显然更容易获取变革所必需的资源。

组织作为权力目标和来源

我们做下总结。这一章中提出的假设认为,组织身份的制造和改变过程具体反映了组织场域内以及那些组织自身内在现行的权力追求。从组织自身内在的权力追求来看,我们介绍了一系列研究,这些研究倾向于表明,某一组织内部占主导地位的那些集体性身份是作为权力往来关系的一种物质化形式在运转的,这些权力往来关系在组织出现之时就伴随左右,并继续对权力关系和统治关系结构化,由此最终使得某些行动者群体的行动框架合法化,而其他行动者群体的行动逻辑则不然。在组织场域的水平上,似乎由此制造的组织身份也反映了各个组织的相对地位,而且在制度改革的推动下,组织所进行的身份重组也至少部分可以被解读为一种组织策略,组织利用这一策略让自己在场域中(重新)觅得自己的位置(Buisson-Fenet & Draelants, 2010)。

我们还要弄清楚,组织内部的政治游戏和其在组织间关系中外在的及法定的定位是如何交互影响的。就我们了解,还没有人把这两个视角联系起来进行研究。从最近其他领域进行的一些研究来看(Rodrigues & Child, 2008),我们也许可以给出这样的提议,即那些组织身份的"竞争性制度化"是同时在两个水平上进行的:在组织内部,它把不同行动者群体(雇主、等级雇员、工会、顾客)所维护的那些身份置于竞争之中;在组织外部,它使集体当前的身份与新的认知性和规范性导向达到某种平衡。

比如,罗得里格斯和柴尔德(Rodrigues & Child, 2008)研究了巴黎某一电信集团的组织身份发展。他们揭示了这一集团的三个截然不同的身份,这些身份对应着组织随着制度环境的波动(或合法性形式及标准的变化)以及其内部行动者群体网络的调动而发生的定位变化。在第一时期(1973—1985),集团的组织身份由当时在位的军人政府控制,其中心任务是集团经济和社会发展的企业化。集团这一组织身份得到一个军官群体、政府权力代表和工程师联盟的支持,这些人为国家发展服务,对集团进行理性管理。在这个时期的组织身份协商中，工会的力量尤其显得弱小。第二个时期(1989—1993)出现在一个来自民间的管理层上台之后，其时，在集团组织身份的重新界定上出现了更为强烈的政治活动。依据精良的技术(提供产品和服务)应该是组织唯一追求的目标，这种组织身份受到了一种新身份的挑战，后者与前者相反，它强调追求多重利益。工程师们失去了军人盟友，并且要面对一个新联盟的强有力冲击，这个新联盟由工会和劳动党代表组成，后者更是被纳入到集团的管理机构。最后，在第三个时期(1994—2000)，我们看到，其组织身份被重新定义，在由领导者(经理多于工程师)、来自新自由主义政府的代表和来自其他多国公司的战略伙伴组成的一个新的联盟影响下，它把企业国际化作为中心任务。罗得里格斯和柴尔德的研究由此勾勒了组织身份的一种发展模式，在这一发展过程中，首先出现了一种行动者联盟，联盟推动组织身份的制度化，集团成员在经过一段时间的适应之后，集体接受了这一组织身份，然后在第二个阶段，战略集团看到自己的影响力下降(或者受制度环境变革的影响，或者受到一个新的战略联盟的影响)，随后在第三个阶段，处于竞争中的那些组织身份的合法性一片暧昧，而不同行动者群体之间的政治关系出现新的稳定态势。

小结

本章展开阐述了组织身份的政治视角，这引导我们关注围绕组织身份的定义和调动而缔结的不同权力形式。综合来讲，我们认为可以有四种不同方式来考虑组织身份问题和权力问题之间的联结。首先，根据从福柯理论得到灵感的那些研究(Sauder & Espeland, 2009)，我们对以下假设进行了讨论,即组织身份的制造是充分扎根在一些智力游戏空间里的,这些智力游戏左右着学校建构自己的身份并使之与众不同所依据的那些因素和维度;其次,玻尔(2003)的研究帮助我们推进了这样的观点,即面对制度控制,组织身份可能发挥决定性作用,并在制度性的变革中质疑学校身份的改变是否有用;再次,我们认为,制度性变革可能为某些组织提供机会,使得它们可以通过翻修自己的身份来面对自己的竞争对手从而实现自我重新定位;最后,我们认为,组织身份是通过组织内部的行动者之间和行动者群体之间不对等的关系而呈现出来并自我界定的。

我们看到,校内成员间进行协商的时候存在权力争夺问题,学校面对正在进行的制度改革寻求自我身份定位的时候存在权力争夺问题,然而,当我们同时考虑这两点的时候,组织身份的定义和使用中的权力问题关系重大,这一点似乎更加清晰,这表明,组织身份不仅是权力游戏争夺的对象,也是能够对组织成员之间的关系以及某个既定场域中各组织之间的关系加以结构化的因素。

结论

在这本书中,我们依据组织身份的概念,探究了新的教育政策在何种程度上并通过怎样的过程对学校产生影响。通过对各种或远或近触及学校制度变革的研究进行梳理和总结,我们认为,新的教育政策改变了学校,并影响了学校行动者,尤其是影响了教师们在学校实践中思考和体验自身经验或职业的方式。

通过外部评价和学校教育市场来实行监管的学校政策将学校放在监管机制的中心,它们实际上具有要求重组学校教育的性质——重组教师的社会参与和组织参与过程以及重组教师对自身职业的认识和理解。但是,这些重组要求会面对多种形式的抵抗:教师们有时以个人名义或以组织名义重新解读那些为了让他们俯首帖耳而强加下来的学校归类标签;他们有时动用自己的本地社交网络来凸显自己的规范和观念;他们有时清空自身被赋予的归类标签,而向周围放射出自己作为个人或组织的独特形象,这种形象保护他们躲开伤筋动骨式的改变。最终,定义学校身份的社会性和认知性因素因此反映了两个方面的共同作用,一方面是与新教育政策有关的命令要求;另一方面是学校本地行动者对这些命令要求的抵抗。[1]

作为结束,我们希望让阅读本书的读者从中获得某种实用价值,我们勾

---

[1] 这里译者和原作者做了沟通,为了更容易理解而做了句法上的重新理顺。另外,这里的"定义学校身份的社会性和认知性因素"说法可参照第1章(本书第9页最后段落中的)有关内容:"换句话说,某个具体组织的身份建构过程如同一个制度的打造过程,这个组织从其所处环境中找到的意义、符号或价值片段出发,按照自己的方式获取并将之联结在一起。"——译者注

勒了一些有待进一步展开的思考和经验性调研的主题。确实,关于学校教育领域的研究几乎没有明确使用过组织身份这一概念,我们在本书中勾勒的,并在这里努力系统化的调研领域仍然是有待开发的处女地。为此,我们重新回顾下本书的结构安排,我们依次围绕文化、形象、身份认同和学校组织之社会建构中的权力等概念进行了阐述。

在关于学校组织身份的章节中,我们探究了学校成员的社交网络作为学校变革因素或外来变革压力的抵抗因素而发挥的作用,这些外来变化是从学校组织所处的政治和制度环境生发而来的。按照本书的逻辑,我们主要探讨了学校内部的这些关系,而没有考察这些关系超越组织边界的时候可能呈现的形式。但是我们认为,更好地把握组织成员和外在行动者(其他组织成员、中间调节的行动者、地方政策负责人、学生家庭和家长联合会等)之间缔结的社会关系具有怎样的性质和结构,也就是说,更好地理解学校内部社交网络和外部社交网络之间的互动,这是一个关键因素,可以让我们弄清楚在关于教师工作和学校组织的新监管形式在学校本地的制度化中所观察到的变量是什么,并确定在什么条件下学校内部的社交网络会成为学校组织变革的因素或抵抗外来改革的因素。这一研究角度也许会有助于扩展关于改革在学校本地的制度化和学校文化变革的视角,从而兼顾到地方性教育空间里各个学校组织和相关行动者之间的互动。

在关于学校形象的章节里,我们主要提出,对于学校组织的领导层来说,向公众投射出某些学校形象是一种手段,目的是为了限制(新的)教育监管形式影响学校运转的实际改变和教师工作的校本协调方式。这一假设把学校组织形象的建构过程视为学校有意而明确抵抗外来改革的策略。不过,我们认为,关于学校领域中组织形象的研究可能会是一种补充,帮助我们进一步研究学校这些自我呈现策略的构成特征和作用。不论学校形象是忠实反映了其组织现实，还是撇开教师真实工作状况和实际协调方式而（对外）进行的保护性形象投射，重要的是要探究学校的这些形象投射给其当下环境带来怎样的社会性的和认知性的影响。确实，我们也许会认为，学校（尤其是针对学生家长和地方相关管理机构的）进行的形象投射建构着地区内各学校组织之间的交流和互动空间，并由此通过建立学校比较和定位的制度空间来参与学校身份的（统一）格式化。不过，我们还没有看到任何研究探究学校形象的创建过程如何以及在什么社会和组织条件下对地区学校文化产生影响。

这样的调查研究也许会帮助我们更好地把握学校形象、教师工作的集体文化、教师个人的课堂工作和环境影响之间是以怎样的方式联结起来的，而单纯系统地从福柯关于基层行动者的抵抗这一假设出发可能达不到这样的目的。具体来说，就是我们要提出以下这些问题：谁参与学校形象的定义？这只是领导层的事情还是教师们也参与其中？对于各种各样的行动者们（校长、领导小组成员、教师、教育导师等）来说，参与界定组织形象的目的是什么？学校组织形象制作的多种参与形式组合起来会有什么影响？从以管理和提高学校体制运转的政策视角来看，学校组织形象和组织文化两者如何配对的问题是个关键，因为这是外界评价和学校财政清算政策能否对学校和教育体制产生影响的一个重要条件。无论如何，要使这类政策对学校体制产生实质性影响，似乎有必要把这样两个条件结合在一起。第一个条件，教学有效性指标始终是教师工作和其影响学生学习的本质；第二个条件，具体来说就是要把学校教育工作的组织方式和教育监管政策给出的指标实实在在结合起来。

关于学校组织身份认同的章节阐明,在认可学校地位重要的政策影响下,学校似乎比以往更多地成为行动者,尤其成为教师们身份认同的一个恰当社会群体类属,从而再次把个体行动者和学校的关系放在分析推理的中心。对这个问题的探究,我们认为似乎应该在两个点上继续推进。第一个点就是要更好地理解在组织身份认同过程中,新的教育监管形式如何与学校内部教师工作的安排方式交互作用。比如,在这一研究角度中,我们可以探究财务清算政策对教师对其学校的身份认同会产生什么影响,以及这些影响如何一方面取决于学校在地方场域中的成就比较中所占据的地位,另一方面取决于学校领导层为了建构这些成就比较所具有的意义而运行的那些领导形式;第二个点就是探究学校组织身份认同过程对教师职业和他们超越个人利益而惠及其专业群体共同利益的能力所产生的影响。当教师在其学校本地发生的职业社会化更为重要的时候,当学校的组织身份被放在地区教育场域那个充满比较竞争以及凸现自身特色、与他校有别的空间的时候,这一切都让我们相信,教师对学校组织的依恋和社会化(至少部分地)对"职业概念之政治意义上"的教师职业提出了质疑,所谓职业概念的政治意义,也就是说某个职业的从业者组成了既定的社会群体,它能够制定自身特有的从业条件,并维护自身群体(面对政府和市场)的利益,而教师对自身学校更强的身份认同削弱了他们与自己所从事职业有关的、业内的共同利益和认知。(此外,)教师(传统)职业权力的削弱也许同样是因为出现了新的职业精英,这些新的(教师)职业精英得益于教学实验活动和教学改革的发展,而这些教学革新活动和组织与管理逻辑(财务审计、外部评价、给出改善建议等等)被引入学校有着直接关系。

这自然而然地引导我们在本书的最后一章探究与权力追求有关的研究

和思考路径,权力问题支撑着组织身份的定义和组织的社会建构。这一章给出的最清晰的研究路径是以整合的方式研究学校领域中的企业化和制度控制,从而寻求更好地理解学校组织内部的政治游戏和它在外部、校际(比较)关系中的角色定位两者之间的互动是如何影响学校组织身份界定的。我们认为,针对由新的教师工作分工形式生发的职业角色差别化以及外部评价专家影响力的上升,敞开探究与权力追求有关的问题也同样是重要的。外部评价专家们实际上把一些新的自我身份定义标准强加给学校和那些政策决定者们(也就是国家),他们在一种技术基础上把这些标准强加下去,但是他们在这里的追求却完完全全是政治性的。

本书为从社会学视角理解学校组织改革提出了最初的思考抓手。我们认识到,这里展开的思考提出了如此多尚未解答的问题,而这正是我们最初的意图所在。我们希望能够参与传播一些其他学科领域中发展出来的概念,以期建构一种新的提问方式,并勾勒出未来可能的一些研究视角。读者会给出判断,看看这本书是否达到这一目的。而且我们也完全认识到,在我们结束本书阐述的时候,另一个可能值得受到实实在在探究的领域我们完全没有涉及,这就是对研究学校身份使用什么调查手段比较恰当这一问题进行方法论思考。我们在这里抛砖引玉,只是简单地提出建议,可以运用多种多样的和"多层面"的视角与方法(从民族方法论的质性研究到量性研究,运用问卷调查或经由资料分析,以及组织话语中呈现的符号、修辞和叙述分析进行社会网络分析等),这也许应该可以帮助我们解构各种制度场域、组织和其中生活着的成员们之间互动的复杂性,定义其特征,赋予它们(他们)意义,并让它们(他们)生存下去。

主要参考文献

Akoun André, Ansart Pierre (1999), *Dictionnaire de sociologie*, Paris, Le Robert/Le Seuil.

Albert Stuart, Whetten David A. (1985), «Organizational Identity», *in* Barry M. Staw, Larry L. Cummings (eds.), *Research on Organizational Behavior*, vol. 7, p. 263-295, Greenwich, CT, JAI Press.

Alvesson Mats (1990), «Organization: from Substance to Image?», *Organization Studies*, vol. 11, p. 373-394.

Alwin Duane F., Otto Luther B. (1977), «High School Context Effects on Aspirations», *Sociology of Education*, vol. 50, n° 4, p. 259-273.

Archer Margaret (2004), «Entre la structure et l'action, le temps», *Revue du MAUSS*, n° 24, p. 329-350.

Ashforth Blake E., Gibbs Barrie W. (1990), «The Double-Edge of Organizational Legitimation», *Organization Science*, vol. 1, n° 2, p. 177-194.

Ashforth Blake E., Mael Fred (1989), «Social Identity Theory and the Organization», *Academy of Management Review*, vol. 14, p. 20-39.

Ashforth Blake E., Harrison Spencer H., CORLEY Kevin G. (2008), «Identification in Organizations: an Examination of Four Fundamental Questions», *Journal of Management*, vol. 34, n° 3, p. 325-374.

Avanza Martina, Laferté Gilles (2005), «Dépasser la "construction sociale" des identités? Identification, image sociale, appartenance», *Genèses*, n° 61, p. 134-152.

Bagnasco Arnaldo (2005), «Communauté», *in* Massimo Borlandi, Raymond Boudon, Mohamed Cherkaoui, Bernard Valade, *Dictionnaire de la pensée sociologique*, Paris, PUF.

Bain Robert K., Anderson James G. (1974), «School Context and Peer Influence on Educational Plans of Adolescents», *Review of Educational Research*, vol. 44, n° 4, p. 429-445.

Baker Sally, Brown Brian (2007), «Images of Excellence: Constructions of Institutional Prestige and Reflections in the University Choice Process», *British Journal of Sociology of Education*, vol. 28, p. 377-391.

Ball Stephen J. (2003), «The Teacher's Soul and the Terrors of Performativity»,

Journal of Education Policy, vol. 18, n° 2, p. 215 - 228.

BALL Stephen J. , DAVIES Jackie, DAVID Miriam, REAY Diane (2001), «Décisions, différenciations et distinctions: vers une sociologie du choix des études supérieures», *Revue française de pédagogie*, n° 136, p. 65 - 75.

BALL Stephen J. , VAN ZANTEN Agnès (1998), «Logiques de marché et éthiques contextualisées dans les systèmes scolaires français et britannique»,*Éducation et sociétés*, n° 1, p. 47 - 71.

BALLION Robert (1982),*Les Consommateurs d'école*, Paris, Stock/Pernoud.

BARRÈRE Anne (2006), *Sociologie des chefs d'établissement. Les managers de la République*, Paris, PUF.

BARTHES Roland (1957),*Mythologies*, Paris, Le Seuil.

BATTILANA Julie (2006), «Agency and Institutions: the Enabling Role of Individuals' Social Position», *Organization*, vol. 13, n° 5, p. 653 - 676.

BEAUD Stéphane, WEBER Florence (1998), *Guide de l'enquête de terrain*, Paris, La Découverte.

BELLIER Irène (1997), «Les élèves entre eux: une tribu, un corps, un esprit?», *Pouvoirs*, n° 80, p. 43 - 54.

BERGER Peter L. , LUCKMANN Thomas (1966), *The Social Construction of Reality: a Treatise in the Sociology of Knowledge*, New York, Doubleday.

Berger Peter (2006),*Invitation à la sociologie*, Paris, La Découverte.

BERNOUX Philippe (1985),*La Sociologie des organisations*, Paris, Le Seuil.

BIDWELL Charles E. (1965), «The School as a Formal Organization», *in* James G. March (ed.), *The Handbook of Organizations*, Chicago, Rand McNally.

BLIC (de) Damien, LEMIEUX Cyril (2005), «Le scandale comme épreuve», *Politix*, n° 71, p. 9 - 38.

BOLTANSKI Luc, CHIAPPELLO Eve (1999), *Le Nouvel Esprit du capitalisme*, Paris, Gallimard.

BOURDIEU Pierre (1966), «L'école conservatrice. Les inégalités devant l'école et devant la culture», *Revue française de sociologie*, vol. 7, n° 3, p. 325 - 347.

— (1982), «Les rites comme actes d'institution», *Actes de la recherche en sciences sociales*, n° 43, p. 58 - 63.

— (1989),*La Noblesse d'État. Grandes écoles et esprit de corps*, Paris, Minuit.

BOURDIEU Pierre, SAINT-MARTIN Monique (de) (1987), «Agrégation et ségrégation. Le champ des grandes écoles et le champ du pouvoir», *Actes de la recherche en sciences sociales*, vol. 69, n° 1, p. 2 - 50.

BOUTIN Éric, LIU Pei, BUISSON Lysiane (2008), «Veille d'image sur Internet: enjeux, méthodes, limites», *Communication & organisation*, n° 34, p. 98 - 114.

Bowman Nicholas A., Bastedo Michael N. (2009), «Getting on the Front Page: Organizational Reputation, Status Signals, and the Impact of *us News and World Report* on Student Decisions», *Research in Higher Education*, vol. 50, p. 415–436.

Bressoux Pascal (1995), «Les effets du contexte scolaire sur les acquisitions des élèves: effet-école et effets-classe en lecture», *Revue française de sociologie*, n° 36, p. 273–294.

Brewer Marilyn B. (1991), «The Social Self: on Being the Same and Different at the Same Time», *Personality and Social Psychology Bulletin*, vol. 17, n° 5, p. 475–482.

— (1993), «Social Identity, Distinctiveness and In-Group Homogeneity», *Social Cognition*, vol. 11, n° 1, p. 150–164.

Brewer Marilyn B., Gardner Wendi (1996), «Who Is this "We"? Levels of Collective Identity and Self-Representations», *Journal of Personality and Social Psychology*, vol. 71, p. 83–93.

Buisson-Fenet Hélène, Draelants Hugues (2010), «Réputation, mimétisme et concurrence. Ce que "l'ouverture sociale" fait aux grandes écoles», *Sociologies pratiques*, n° 21, p. 67–81.

Burbaker Rogers (2001), «Au-delà de l'"identité"», *Actes de la recherche en sciences sociales*, n° 139, p. 66–85.

Cameron Kim (1978), «Measuring Organizational Effectiveness in Institutions of Higher Education», *Administrative Science Quarterly*, vol. 23, n° 4, p. 604–632.

Campbell Ernest Q., Alexander Norman C. (1965), «Structural Effects and Interpersonal Relationships», *The American Journal of Sociology*, vol. 71, n° 3, p. 284–289.

Carayol Valérie (2002), «Du clinquant au sensible. La modestie mise en scène par les entreprises», *Recherches en communication*, n° 17, p. 95–112.

Cattonar Branka (2005), *L'Identité professionnelle des enseignants du secondaire. Approche biographique et contextuelle*, Thèse pour le doctorat en sociologie, Université catho-lique de Louvain.

Cattonar Branka, Draelants Hugues, Dumay Xavier (2006), «Exploring the Interplay between Organizational and Professional Identity: a Social Identity Perspective, *7th International Conference on Organizational Discourse: Identity, Ideology and Idiosyncrasy*, Amsterdam, 26th–28th July 2006.

Charlier Jean-Émile (1987), *Les Logiques internes des districts scolaires: rites et images d'écoles secondaires*, Thèse pour le doctorat en sociologie, Université catholique de Louvain.

Chauvin Pierre-Marie (2010), «La signature œnologique: frontières et transferts de réputation chez les consultants vitivinicoles», *Sociologie du travail*, n° 52, p. 461–479.

CHRISTENSEN Lars Thøger (1995), «Buffering Organizational Identity in the Marketing Culture», *Organization Studies*, vol. 16, n° 4, p. 651-672.

CIALDINI Robert B., BORDEN Richard J., THORNE Avril, WALKER Marcus Randall, FREEMAN Stephen, SLOAN Lloyd Reynolds (1976), «Basking in Reflected Glory: Three (Football) Field Studies, *Journal of Personality and Social Psychology*, vol. 34, p. 366-375.

COBURN Cynthia (2001), «Collective Sense-Making about Reading: how Teachers Mediate Reading Policy in their Professional Communities», *Educational Evaluation and Policy Analysis*, vol. 23, n° 2, p. 145-170.

— (2005), «Shaping Teacher Sense-Making: School Leaders and the Enactment of Reading Policy», *Educational Policy*, vol. 19, n° 3, p. 476-509.

— (2006), «Framing the Problem of Reading Instruction: Using Frame Analysis to Uncover the Microprocesses of Policy Implementation in Schools», *American Educational Research Journal*, vol. 43, n° 3, 343-379.

COMPERE Marie-Madeleine, SAVOIE Philippe (2001), «L'établissement secondaire et l'histoire de l'éducation», *Histoire de l'éducation* [en ligne], n° 90, mis en ligne le 9 janvier 2009, URL: http://histoire-education.revues.org/index828.html

COOLEY Charles Horton (1902), *Human Nature and the Social Order*, New York, Schocken.

CORLEY Kevin G., HARQUAIL Celia V., PRATT Michael G., GLYNN Mary Ann, FIOL Marlene C., HATCH Mary Jo (2006), «Guiding Organizational Identity through Aged Adolescence», *Journal of Management Inquiry*, vol. 15, n° 2, p. 85-99.

CORNELISSEN Joep (2002), «On the Organizational Identity Metaphor», *British Journal of Management*, vol. 13, p. 259-268.

CORRENTI Richard, ROWAN Brian (2007), «Opening Up the Black Box: Literacy Instruction in Schools Participating in Three Comprehensive School Reform Programs», *American Educational Research Journal*, vol. 44, n° 2, p. 298-338.

COUSIN Olivier (1993), «L'effet établissement. Construction d'une problématique», *Revue française de sociologie*, vol. 34, n° 3, p. 395-419.

COUSIN Olivier (1998), *L'Efficacité des collèges. Sociologie de l'effet établissement*, Paris, PUF.

CRAHAY Marcel (2004), «Peut-on conclure à propos des effets du redoublement?», *Revue française de pédagogie*, n° 148, p. 11-23.

CRENN Gaëlle (2003), «Rhétorique de la transparence et légitimité muséale», *Quaderni*, vol. 52, p. 93-103.

CROZIER Michel, FRIEDBERG Erhard (1977), *L'Acteur et le Système*, Paris, Le Seuil.

CUCHE Denys (2005), *La Notion de culture dans les sciences sociales*, Paris,

La Découverte.

DA COSTA Sylvie (2006), «Excellence scolaire et "caractère propre": un dilemme pour les établissements privés catholiques», Communication au colloque *Repenser la justice dans le domaine de l'éducation et de la formation*, 15‑17 mai 2006, Lyon.

DELVAUX Bernard (2006), «Compétition entre écoles et ségrégation des élèves dans six espaces locaux européens», *Revue française de pédagogie*, n° 156, p. 63‑73.

DEROUET Jean-Louis (dir.) (2000), *L'École dans plusieurs mondes*, Bruxelles, De Boeck.

— (1994), «L'apport des méthodes qualitatives», in Marcel Crahay (dir.), *évaluation et analyse des Établissements de formation*, Bruxelles, De Boeck.

— (1987), «Une sociologie des établissements scolaires: les difficultés de construction d'un nouvel objet scientifique», *Revue française de pédagogie*, n° 78, p. 86‑108.

DEROUET Jean-Louis, DUTERCQ Yves (1997), *L'Établissement scolaire, autonomie locale et service public*, Paris, ESF.

DIMAGGIO Paul, POWELL Walter (1983), «The Iron-Cage Revisited. Institutional Isomorphism and Collective Rationality in Organizational Fields», *American Sociological Review*, vol. 48, n° 2, p. 147‑160.

DONNAY Jean-Yves (2008), «Enseignement technique et professionnel et figures de réalisation lycéenne», in Mariane Frenay, Xavier Dumay (dir.), *Un enseignement démocratique de masse. Une réalité qui reste à inventer*, Louvain-la-Neuve, Presses universitaires de Louvain.

DOUGLAS Mary (1999), *Comment pensent les institutions?*, Paris, La Découverte.

DRAELANTS Hugues (2010), «Les effets d'attraction des grandes écoles. Excellence, prestige et rapport à l'institution», *Sociologie*, vol. 1, n° 3, p. 337‑356.

— (2009), *Réforme pédagogique et légitimation. Le cas d'une politique de lutte contre le redoublement*, Bruxelles, De Boeck.

— (2002), «Déconstruction d'un discours de *success story* et analyse des processus de régulation sous-jacents», *Esprit critique* [en ligne], vol. 4, n° 4. URL: http://www.espritcritique.fr/0404/article 03.html

— (2001), *Mobilisation et régulation locale autour d'un mot d'ordre: le nécessaire travail collectif entre enseignants*, Rapport de recherche, Girsef, UCL.

DRAELANTS Hugues, ARTOISENET Julien (2011), «Le rôle des établissements d'enseignement secondaire dans la construction des aspirations d'études supérieures», *Les Cahiers de recherche du Girsef*, à paraître.

DRAELANTS Hugues, DARCHY-KOECHLIN Brigitte (2011), «Flaunting One's Academic Pedigree? Self-Presentation of Students from Elite French Schools», *British Journal of Sociology of Education*, vol. 32, n° 1, p. 19‑36.

DRAELANTS Hugues, DUMAY Xavier (2005), «Identités, cultures et images d'établissements scolaires. Un cadre théorique d'interprétation», *Les Cahiers de recherche en éducation et formation*, n° 48.

DRAELANTS Hugues, DUPRIEZ Vincent, MAROY Christian (2003), *Le Système scolaire en Communauté française*, Bruxelles, CRISP.

DRAELANTS Hugues, VAN OUYTSEL Audrey, MAROY Christian (2004), «Logiques locales d'établissements et mise en œuvre d'une réforme», *in* Mariane Frenay, Christian Maroy (dir.), *L'École, 6 ans après le décret «Missions»*, Louvain-la-Neuve: Presses universitaires de Louvain.

DRAELANTS Hugues, VAN ZANTEN Agnès (2011), à paraître, «Sélection et canalisation à l'entrée en "prépa"», *in* Agnès van Zanten (dir.), *La Formation des élites*, Paris, Presses universitaires de France.

DUBAR Claude (2002), *La Socialisation. Construction des identités sociales et professionnelles*, Paris, Armand Colin.

DUBET François (1991), *Les Lycéens*, Paris, Le Seuil.

— (2002), *Le Déclin de l'institution*, Paris, Le Seuil.

DUBET François, COUSIN Olivier, GUILLEMET Jean-Philippe (1989), «Mobilisation des établissements et performances scolaires. Le cas des collèges», *Revue française de sociologie*, vol. 30, n° 2, p. 235-256.

DUMAY Xavier (2009), *La Coordination du travail dans les établissements d'enseignement primaire*, Thèse pour le doctorat en psychologie, Université catholique de Louvain.

DUMAY Xavier, CATTONAR Branka, MAROY Christian, MANGEZ Catherine, soumis pour publication, «The Institutionalization of Accountability in Education: Network and Bureaucratic Modes of Implementation».

DUMAY Xavier, DUPRIEZ Vincent (2008), «Does the School Composition Effect Matter? Evidence from Belgian Data», *British Journal of Educational Studies*, vol. 56, n° 4, p. 440-477.

DUPRIEZ Vincent (2003), «La coordination du travail dans les établissements scolaires: les différentes voies de construction de l'accord», *Cahiers de recherche en éducation et formation*, n° 23.

DUPRIEZ Vincent, DUMAY Xavier (2006), «Inequalities in School Systems: Effect of School Structure or of Society Structure Effect?», *Comparative Education*, vol. 42, n° 2, p. 243-260.

DURU-BELLAT Marie, VAN ZANTEN Agnès (2006), *Sociologie de l'école*, Paris, Armand Colin [3ᵉ édition].

DUTERCQ Yves (1992), *Les Nouveaux Professeurs. Voyage dans un collège de banlieue*,

Paris, Hachette.

DUTTON Jane E., DUKERICH Janet M., HARQUAIL Celia V. (1994), «Organizational Images and Member Identification», *Administrative Science Quarterly*, vol. 39, n° 2, p. 239 - 362.

DUTTON Jane E., DUKERICH Janet (1991), «Keeping an Eye in the Mirror: Image and Identity in Organizational Adaptation», *Academy of Management Journal*, vol. 34, p. 517 - 554.

ELSBACH Kimberly D. (1994), «Managing Organizational Legitimacy in the California Cattle Industry: the Construction and Effectiveness of Verbal Accounts», *Administrative Science Quarterly*, vol. 39, p. 57 - 88.

— (1999), «An Expanded Model of Organizational Identification», *Research in Organizational Behavior*, vol. 21, p. 163 - 199.

— (2002), «Intraorganizational Institutions», *in* Joel A. C. Baum (ed.), *The Blackwell Companion to Organizations*, Malden, MA, Blackwell.

ELSBACH Kimberly D., BHATTACHARYA C. B. (2001), «Defining Who You Are by What You're Not: Organizational Disidentification and the National Rifle Association», *Organization Science*, vol. 12, p. 393 - 413.

ELSBACH Kimberly D., KRAMER Roderick M. (1996), «Members' Responses to Organizational Identity Threats: Encountering and Countering the Business Week Rankings», *Administrative Science Quarterly*, vol. 41, n° 3, p. 442 - 476.

ELSBACH Kimberly. D., SUTTON Robert I. (1992), «Acquiring Organizational Legitimacy through Illegitimate Actions: a Marriage of Institutional and Impression Management Theories», *Academy of Management Journal*, vol. 35, p. 699 - 738.

ESPELAND Wendy, SAUDER Michael (2007), «Rankings and Reactivity: How Public Measures Recreate Social Worlds», *The American Journal of Sociology*, vol. 113, n° 1, p. 1 - 40.

Falsey Barbara, HEYNS Barbara (1984), «The College Channel: Private and Public Schools Reconsidered», *Sociology of Education*, vol. 57, n° 2, p. 111 - 122.

FELOUZIS Georges, PERROTON Joëlle (2007), «Les marchés scolaires: une analyse en termes d'économie de la qualité», *Revue française de sociologie*, n° 48, p. 693 - 722.

FLIGSTEIN Neil (2001), «Social Skill and the Theory of Fields», *Sociological Theory*, vol. 19, n° 2, p. 105 - 125.

FOMBRUN Charles, SHANLEY Mark (1990), «What's in a Name? Reputation Building and Corporate Strategy», *Academy of Management Journal*, vol. 33, n° 2, p. 233 - 258.

FOREMAN Peter, WHETTEN David A. (2002), «Members' Identification with Multiple-Identity Organizations», *Organization Science*, vol. 13, p. 618 - 635.

FOUCAULT Michel (1978), «La "gouvernementalité"», *in* Daniel Defert, François Ewald,

Jacques Lagrange (dir.), *Dits et écrits III 1976-1979*, Paris, Gallimard.

FRANÇOIS Pierre (2008), *Sociologie des marchés*, Paris, Armand Collin.

FRANSSEN Abraham (2000), « Les assistants sociaux: le crachin, la tempête, le parapluie », *Les Politiques sociales*, n° 1, p. 49-66.

GABRIEL Yannis (2000), *Storytelling in Organizations, Facts, Fictions and Fantasies*, New York, Oxford University Press.

GADREY Jean (1996), *Services: la productivité en question*, Paris, Éditions Desclée de Brouwer.

GEWIRTZ Sharon (2002), *The Managerial School: Post-Welfarism and Social Justice in Education*, London, Routledge.

GEWIRTZ Sharon, DICKSON Marny, POWER Sally (2004), « Unravelling a "Spun" Policy: a Case Study of the Constitutive Role of "Spin" in the Education Policy Process », *Journal of Education Policy*, vol. 19, n° 3, p. 321-342.

GIOIA Dennis A., CORLEY Kevin (2002), « Being Good vs. Looking Good: Business School Rankings and the Circean Transformation From Substance to Image », *Academy of Management Learning and Education*, vol. 1, n° 1, p. 107-120.

GIOIA Dennis A., SCHULTZ Majken, CORLEY Kevin G. (2000), « Organizational Identity, Image, and Adaptive Instability », *Academy of Management Review*, vol. 25, n° 1, p. 63-81.

GIRARD René (1982), *Le Bouc émissaire*, Paris, Grasset.

GLYNN Mary Ann (2008), « Beyond Constraint: How Institutions Enable Identities », *in* Royston Greenwood, Christine Oliver, Kerstin Sahlin, Roy Suddaby (eds.), *The Sage Handbook of Organizational Institutionalism*, Thousand Oaks, CA, Sage.

GOFFMAN Erving (1973), *La Mise en scène de la vie quotidienne. Tome I. La présentation de soi*, Paris, Minuit.

— (1975), *Stigmate. Les usages sociaux des handicaps*, Paris, Minuit.

— (1979), *Asiles. Étude sur la condition sociale des malades mentaux et autres reclus*, Paris, Minuit.

— (1959), *The Presentation of Self in Everyday Life*, Garden City, NY, Doubleday.

GRANT Gerald (1988), *The World We Created at Hamilton High*, Harvard, Harvard University Press.

GRISAY Aletta (1989), *Quels indicateurs d'efficacité pour les établissements scolaires? Étude d'un groupe contrasté de collèges « performants » et « peu performants »*, Rapport de recherche, Université de Liège, Service de pédagogie expérimentale.

GRYSPEERDT Axel (1995), *Une industrie de la célébration. Les relations publiques*, Bruxelles, Éditions EVO.

GRYSPEERDT Axel, CARION Florence (2006), « Métiers et fonctions de la communication d'organisation: Une mise en perspective générale», *Recherches en communication*, n° 25, p. 15 – 40.

HARFI Mohamed, MATHIEU Claude (2006), «Classement de Shanghai et image internationale des universités: quels enjeux pour la France?», *Horizons stratégiques*, n° 2, p. 100 – 115.

HATCH Mary Jo, SCHULTZ Majken (2002), «The Dynamics of Organizational Identity», *Human Relations*, vol. 55, n° 8, p. 989 – 1018.

— (2004), *A Reader on Organizational Identity*, Oxford, Oxford University Press.

HEINICH Nathalie (2004), «Retour sur la notion d'élite», *Cahiers internationaux de sociologie*, n° 117, p. 313 – 326.

HERAN François (1996), «École publique, école privée: qui peut choisir?», *Économie et statistique*, n° 293, p. 17 – 39.

HIGHHOUSE S., THORNBURY E. E., LITTLE I. S. (2007), «Social-Identity Functions of Attraction to Organizations», *Organizational Behavior and Human Decision Processes* vol. 103, p. 134 – 146.

HILL Lori Diane (2008), «School Strategies and the "College-Linking" Process: Reconsidering the Effects of High Schools on College Enrolment», *Sociology of Education*, vol. 81, n° 1, p. 53 – 76.

JENCKS Christopher (1972), *Inequality: a Reassessment of the Effect of Family and Schooling in America*, New York, Basic Books.

JOHNSON Victoria (2007), «What Is Organizational Imprinting? Cultural Entrepreneurship in the Founding of the Paris Opera», *The American Journal of Sociology*, vol. 113, n° 1, p. 97 – 127.

KAMENS David H. (1974), «College and Elite Formation: the Case of Prestigious American Colleges», *Sociology of Education*, vol. 47, n° 3, p. 354 – 378.

— (1977), «Legitimating Myths and Educational Organization. The Relationship between Organizational Ideology and Formal Structure», *American Sociological Review*, vol. 42, n° 2, p. 208 – 219.

KARPIK Lucien (2007), *L'Économie des singularités*, Paris, Gallimard.

KAUFMANN Jean-Claude (1998), *Corps de femmes, regards d'hommes*, Paris, Nathan.

KELCHTERMANS Geert (2007), «Macropolitics Caught up in Micropolitics: the Case of the Policy of Quality Control in Flanders», *Journal of Education Policy*, vol. 22, n° 4, p. 471 – 491.

KESSLER Denis (2001), «L'entreprise entre transparence et secret», *Pouvoirs*, n° 97, p. 33 – 46.

KLEIN Naomi (2001), *No Logo. La tyrannie des marques*, Arles, Actes Sud.

KREINER Glen E., ASHFORTH Blake E. (2004), «Evidence toward an Expanded Model of

Organizational Identification», *Journal of Organizational Behavior*, vol. 25, n° 1, p. 1-27.

Lahire Bernard (1998), *L'Homme pluriel. Les ressorts de l'action*, Paris, Nathan.

Lamont Michèle, Bail Christopher A. (2005), «Sur les frontières de la reconnaissance. Les catégories internes et externes de l'identité collective», *Revue européenne des migrations internationales*, n° 21, p. 61-90.

Lasch Christopher (1979), *The Culture of Narcissism: American Life in an Age of Diminishing Expectations*, New York, Norton.

Laval Christian (2003), «L'école n'est pas une entreprise: le néolibéralisme à l'assaut de l'enseignement public», Paris, La Découverte.

Lawrence Thomas B. (2009), «Power, Institutions and Organizations», *in* Royston Greenwood, Christine Oliver, Roy Suddaby, Kerstin Sahlin-Andersson, *The Sage Handbook of Organizational Institutionalism*, Thousand Oaks, CA, Sage.

Lawrence Thomas B., Suddaby Roy (2006), «Institutions and Institutional Work», *in* Stewart R. Clegg, Cynthia Hardy, Thomas B. Lawrence, Walter R. Nord (eds.) *Handbook of Organization Studies*, London, Sage.

Le Bon Joël (2003), «Capital de marque et Internet: les nouveaux enjeux de l'e-communication de l'insatisfaction des clients», *Revue française de gestion*, n° 145, p. 187-201.

Le Moënne Christian (2008), «L'organisation imaginaire», *Communication & organisation*, n° 34, p. 130-152.

Lewicki Roy J. (1981), «Organizational Seduction: Building Commitment to Organizations», *Organizational Dynamics*, vol. 10, p. 5-21.

Libaert Thierry (2003), *La Transparence en trompe-l'œil*, Paris, Éditions Descartes et Cie.

Lorenzi-Cioldi Fabio (2002), *Les Représentations des groupes dominants et dominés*, Grenoble, PUG.

Lorenzi-Cioldi Fabio, Dafflon Anne-Claude (1999), «Rapports entre groupes et identité sociale», *in* Jean-Léon Beauvois, Nicole Dubois, Willem Doise (dir.), *La Construction sociale de la personne*, Grenoble, Presses universitaires de Grenoble.

Lowrie Anthony (2007), «Branding Higher Education: Equivalence and Difference in Developing Identity», *Journal of Business Research*, vol. 60, p. 990-999.

Lynn Freda B., Podolny Joel M., Tao Lin (2009), «A Sociological (De)Construction of the Relationship between Status and Quality», *The American Journal of Sociology*, vol. 115, n° 3, p. 755-804.

Mael Fred, Ashforth Blake E. (1992), «Alumni and their Alma Mater: a Partial Test of the Reformulated Model of Organizational Identification», *Journal of*

Organizational Behavior, vol. 133, p. 103-123.

MAGUIRE Meg, PERRYMAN Jane, BALL Stephen, BRAUN Annette (2011), «The Ordinary School. What Is It?», *British Journal of Sociology of Education*, vol. 32, n° 1, p. 1-16.

MAROY Christian (2005), «Vers une régulation postbureaucratique des systèmes d'enseignement en Europe?», *Cahiers de recherche en éducation et en formation*, n° 49.

— (2006), *École, régulation et marché*, Paris, PUF.

— (2007), «L'école à la lumière de la sociologie des organisations», *Les Cahiers de recherche en éducation et formation*, n° 56.

— (2009), «Enjeux, présupposés et implicites normatifs de la poursuite de l'effica-cité dans les systèmes d'enseignement», *in* Xavier Dumay, Vincent Dupriez (dir.), *L'Efficacité dans l'enseignement : promesses et zones d'ombre*, Bruxelles, De Boeck.

— (2011), «*Accountability* et confiance dans l'institution scolaire», Document de travail non publié.

MAROY Christian, DEMAILLY Lise (2004), «Les régulations intermédiaires des systèmes éducatifs en Europe : quelles convergences?», *Recherches sociologiques*, vol. 35, n° 2, p. 5-24.

MAROY Christian, VAN ZANTEN Agnès (2007), «Régulation et compétition entre établissements scolaires dans six espaces scolaires en Europe», *Sociologie du travail*, n° 49, p. 464-478.

MARTIN Joanne, FELDMAN Martha S., Hatch Mary Jo, SITKIN Sim B. (1983), «The Uniqueness Paradox in Organizational Stories», *Administrative Science Quarterly*, vol. 28, n° 3, p. 438-453.

MCDILL Edward L., COLEMAN James (1963), «High School Social Status, College Plans and Interest in Academic Achievement : a Panel Analysis», *American Sociological Review*, vol. 28, n° 6, p. 905-918.

MCDONOUGH Patricia M. (1994), «Buying and Selling Higher Education : the Social Construction of the College Applicant», *The Journal of Higher Education*, vol. 65, n° 4, p 427-446.

MEAD George Herbert (1934), *Mind, Self & Society*, Chicago, The University of Chicago Press [réed. française, *L'Esprit, le Soi et la Société*, PUF, 2006]

MEURET Denis (2009), «En quoi la recherche sur les écoles efficaces est-elle anglo-saxonne?», *in* Xavier Dumay, Vincent Dupriez (dir.), *L'Efficacité dans l'en? seignement : promesses et zones d'ombre*, Bruxelles, De Boeck.

MEYER John W., ROWAN Brian (1977), «Institutionalized Organizations : Formal Structure as Myth and Ceremony», *American Journal of Sociology*, vol. 83, n° 2, p. 340-363.

Mons Nathalie (2007), *Les Nouvelles Politiques éducatives*, Paris, PUF.

Mucchielli Alex (2009), *L'Identité*, Paris, PUF.

Musselin Christine (2008), « Enseignement supérieur », *in* Agnès van Zanten, *Dictionnaire de l'éducation*, Paris, PUF.

Neave Guy (1988), «On the Cultivation of Quality, Efficiency and Enterprise: an Overview of Recent Trends in Higher Education in Western Europe, 1986 - 1988», *European Journal of Education*, vol. 23, p. 7 - 23.

Nelson Joel I. (1972), «High School Context and College Plans: the Impact of Social Structure on Aspirations», *American Sociological Review*, vol. 37, n° 2, p. 143 - 148.

O'Reilly Charles A., Chatman Jennifer (1986), «Organizational Commitment and Psychological Attachment: the Effects of Compliance, Identification, and Internalization on Prosocial Behavior», *Journal of Applied Psychology*, vol. 71, p. 492 - 499.

Obin Jean-Pierre (2001), «Le projet d'établissement: mythe et réalité», *Politiques d'éducation et de formation*, n° 1, p. 9 - 29.

Orianne Jean-François, Draelants Hugues, Donnay Jean-Yves (2008), «Les politiques de l'autocontrainte», *Éducation et sociétés*, n° 22, p. 127 - 143.

Paty Dominique (1981), *Douze collèges en France. Enquête sur le fonctionnement des collèges publics aujourd'hui*, Paris, La Documentation française.

Paugam Serge (dir.) (2010), *Les 100 mots de la sociologie*, Paris, PUF.

Payet Jean-Paul (2005), «Trois questions à la sociologie des établissements scolaires», Conférence de clôture du colloque *L'Établissement scolaire in situ. Concepts, méthodes, résultats et comparaison européenne*, Université de Lille-I, Villeneuve-d'Ascq, 8 - 9 septembre 2005.

Pedersen Jesper Strandgaard, Dobbin Frank (2006), « In Search of Identity and Legitimation: Organizational Culture and Neo-institutionalism», *American Behavioral Scientist*, vol. 49, n° 7, p. 897 - 907.

Petitet Vincent (2005), «La gouvernementalité managériale», *Études de communication*, n° 28, p. 31 - 44.

Pierson Paul (2000), «Path Dependence, Increasing Returns, and the Study of Politics», *American Political Science Review*, vol. 94, n° 2, p. 251 - 267.

Piotet Françoise, Sainsaulieu Renaud (1994), *Méthodes pour une sociologie de l'entreprise*, Paris, Presses de la FNSP.

Pons Xavier (2010), *Évaluer l'action éducative*, Paris, PUF.

Powell Walter W., DiMaggio Paul J. (eds.) (1991), *The New Institutionalism in Organizational Analysis*, Chicago, The University of Chicago Press.

Pratt Michael G., Foreman Peter O. (2000), «Classifying Managerial Responses to

Multiple Organizational Identities», *Academy of Management Review*, vol. 25, n° 1, p. 18-42.

RICOEUR Paul (1985), *Temps et récit. Tome III: Le Temps raconté*, Paris, Le Seuil.

RIKETTA Michael (2005), «Organizational Identification: a Meta-Analysis», *Journal of Vocational Behavior*, vol. 66, n° 2, p. 358-384.

RODRIGUES Susanna, CHILD John (2008), «The Development of Corporate Identity: a Political Perspective», *Journal of Management Studies*, vol. 45, n° 5, p. 885-911.

ROWAN Brian, CORRENTI Richard, MILLER Robert, CAMBURN Éric (2009), «School Improvement by Design: Lessons from a Study of Comprehensive School Reform Programs», *in* Gary Sykes, Barbara Schneider, David Plank (dir.), *AERA Handbook on Education Policy Research*, Washington, AERA Press.

ROWAN Brian, MILLER Robert (2007), «Organizational Strategies for Promoting Instructional Change: Implementation Dynamics in Schools Working with Comprehensive School Reform Programs», *American Educational Research Journal*, vol. 44, n° 2, p. 252-297.

SAINSAULIEU Renaud (1987), *Sociologie de l'organisation et de l'entreprise*, Paris, Presses de la Fondation nationale des sciences politiques.

SAINT GEORGES Pierre (de) (2006), «Métiers de la communication et processus de légitimation: le "communicateur symptôme"», *Recherches en communication*, n° 25, p. 53-64.

SALAIS Robert (2010), «La donnée n'est pas un donné. Pour une analyse critique de l'évaluation chiffrée de la performance», *Revue française d'administration publique*, n° 135, p. 497-515.

SALMON Christian (2007), *Storytelling, la machine à fabriquer des histoires et à formater les esprits*, Paris, La Découverte.

SAUDER Michael, ESPELAND Wendy (2009), «The Discipline of Rankings: Tight Coupling and Organizational Change», *American Sociological Review*, vol. 74, n° 1, p. 63-82.

SAVOIE Philippe (2001), «Autonomie et personnalité des lycées: la réforme administrative de 1902 et ses origines», *Histoire de l'éducation* [en ligne], n° 90, mis en ligne le 15 novembre 2009. url: http://histoire-education.revues.org/index837.html

SCHEIN Edgar H. (1985), *Organizational Culture and Leadership*, San Francisco (California), Jossey-Bass.

SCHNEIDER Christian (1993), *Communication: nouvelle fonction stratégique de l'entreprise*, Paris, Delmas.

SCOTT W. Richard (1995), *Institutions and Organizations*, Thousand Oaks, Sage Publication.

SCOTT Susanne G., LANE Vicky R. (2000), «A Stakeholder Approach to Organizational

Identity», *Academy of Management Review*, vol. 25(1), p. 43–62.

SELZNICK Philip (1957), *Leadership in Administration*, New York, Harper & Row.

SHENKAR Oded, YUCHTMAN-YAAR Ephraim (1997), «Reputation, Image, Prestige and Goodwill: an Interdisciplinary Approach to Organizational Standing», *Human Relations*, vol. 50, n° 11, p. 1361–1381.

SHERER Peter D., LEE Kyungmook (2002), «Institutional Change in Large Law Firms: a Resource Dependency and Institutional Perspective», *The Academy of Management Journal*, vol. 45, n° 1, p. 102–119.

SIMONS Maarten (2007), «To Be Informed': Understanding the Role of Feedback Information for Flemish/European Policy», *Journal of Education Policy*, vol. 22, n° 5, p. 531–548.

SMIRCICH Linda (1983), «Concepts of Culture and Organizational Analysis», *Administrative Science Quarterly*, vol. 28, n° 3, p. 339–358.

SPILLANE James, DIAMOND John, BURCH Patricia, HALLETT Tim, JITA Loyiso, ZOLTNERS Jennifer (2002), «Managing in the Middle: School Leaders and the Enactment of Accountability Policy», *Educational Policy*, vol. 16, n° 5, p. 731–762.

SPILLANE James, PARISE Leigh Mesler, SHERER Jennifer (2011), «Organizational Routines as Coupling Mechanisms: Policy, School Administration and the Technical Core», *American Educational Research Journal*, vol. 48, n° 3, p. 586–619.

STENSAKER Bjørn (2007), «The Relationship Between Branding and Organisational Change», *Higher Education Management and Policy*, vol. 19, p. 13–29.

STRYKER Sheldon, BURKE Peter J. (2000), «The Past, Present and Future of an Identity Theory», *Social Psychology Quarterly*, vol. 63, n° 4, p. 284–297.

SULEIMAN Ezra N. (1979), *Les Élites en France. Grands corps et grandes écoles*, Paris, Le Seuil.

SUNG Minjung, YANG Sung-Un (2009), «Student-University Relationships and Reputation: a Study of the Links between Key Factors Fostering Students' Supportive Behavioral Intentions towards their University», *Higher Education*, vol. 57, p. 787–811.

TAIEB Emmanuel (2001), «Persistance de la rumeur», *Réseaux*, n° 106, p. 231–271.

TAJFEL Henri (1981), *Human Groups and Social Categories*, Cambridge, Cambridge University Press.

TAJFEL Henri, TURNER John C. (1979), An Integrative Theory of Intergroup Conflict, *in* William G. Austin, Stephen Worchel (eds.), *The Social Psychology of Intergroup Relations*, Monterey, CA, Brooks/Cole.

— (1986), «The Social Identity Theory of Inter-Group Behavior, *in* Stephen Worchel, L. William Austin (eds.), *Psychology of Intergroup Relations*, Chicago, Nelson-

Hall.

Tardif Maurice, Lessard Claude (1999), *Le Travail enseignant au quotidien*, Bruxelles, De Boeck.

Thélot Claude (2002), «Évaluer l'école», *Études*, t. CCCXCII, p. 323 - 334.

Thrupp Martin (1999), *Schools Making a Difference: Let's Be Realistic! School Mix, School Effectiveness and the Social Limits of Reform*, Buckingham, Open University Press.

Tilman Francis, Ouali Nouria (2001), *Piloter un établissement scolaire*, Bruxelles, De Boeck.

Townley Barbara (1993), «Foucault, Power/Knowledge, and its Relevance for Human Resource Management», *The Academy of Management Review*, vol. 18, n° 3, p. 518 - 545.

Turner John C. (1985), «Social Categorization and the Self-Concept: a Social Cognitive Theory of Group Behavior», *in* Edward Lawler (dir.), *Advances in Group Processes*, Greenwich, JAI.

Turner Ralph H. (1960), «Sponsored and Contest Mobility and the School System», *American Sociological Review*, vol. 25, p. 855 - 862.

van Zanten Agnès (2001), *L'École de la périphérie. Scolarité et ségrégation en banlieue*, Paris, PUF.

— (2006), «Compétition et fonctionnement des établissements scolaires: les enseignements d'une enquête européenne», *Revue française de pédagogie*, n° 156, p. 9 - 17.

— (2009a), «Competitive Arenas and Schools' Logics of Action: a European Comparison», *Compare*, vol. 39, n° 1, p. 85 - 98.

— (2009 b), *Choisir son école*, Paris, PUF.

— (2011), *Les Politiques d'éducation*, Paris, PUF, 2e édition.

Viale Thierry (2000), *La Communication d'entreprise: pour une histoire des métiers et des écoles*, Paris, L'Harmattan.

Vienne Philippe (2005), «Carrière morale et itinéraire moral dans les écoles "de dernière chance": les identités vacillantes», *Lien social et politiques*, n° 53, p. 67 - 80.

Waller Williard (1932), *The Sociology of Teaching*, New York, Wiley.

Weber Max (1922), *Économie et société*, Paris, Plon, 1971.

Weick Karl E. (1976), «Educational Organizations as Loosely Coupled Systems», *Administrative Science Quarterly*, vol. 21, p. 1 - 19.

Whitehead Joan M., Raffan John, Deaney Rosemary (2006), «University Choice: What Influences the Decisions of Academically Successful Post - 16 Students?», *Higher Education Quarterly*, vol. 60, n° 1, p. 4 - 26.

Wolfe Tom (2006), *Moi, Charlotte Simmons*, Paris, Robert Laffont.

Yasumoto Jeffrey, Uekawa Kazuaki, Bidwell Charles (2001), «The Collegial Focus and Student Achievement: Consequences of High School Faculty Social Organization for Students achievement in Mathematics and Science», *Sociology of Education*, vol. 74, n° 3, p. 181-209.

Zachary Marie-Denise, Vandenberghe Vincent (2002), «L'école et son environnement: pressions concurrentielles et stratégies de positionnement», *in* Christian Maroy (dir.), *Les Établissements d'enseignement secondaire et leurs enseignants*, Bruxelles, De Boeck.

Zucker Linn (1977), «The Role of Institutionalization in Cultural Persistence», *American Sociological Review*, vol. 42, n° 5, p. 726-743.

译者后记

时间真的如白驹过隙,即使精神沉沦也难以拽住它的辔头,然而有些记忆仍然鲜活着。6年前,笔者在里昂高师有些寂寥的图书馆里偶然看到了这本2011年巴黎PUF出版的小书,立刻就被它的书名吸引了,"l'identité des établissements scolaires"(学校身份)阐述的问题定然涉及一所学校长期的内在文化沉淀,而不是仅仅停留在表面的这样或那样的"改革项目或活动"。那个时候,笔者开始对单纯探究西方教育政策发展的应然走向和措施这样的工作感到困惑,也尝试在高师工作的那段时间里走进里昂的一些中学,希望能够通过了解其日常运转来一窥优秀生的"制造"过程,不过因为时间原因,这样的实地探访相当有限。随后的几年里,因为难以言说的困顿,这本书和其他一些资料被遗放在笔者的书架一角,渐渐落满灰尘。2018年末,译者开始对这些资料进行初步整理,并着手翻译这本书的若干章节。随后在校园里偶遇华东师范大学出版社的彭呈军老师,和他谈起这本书,接着这个项目一环接一环地展开。这里非常感谢彭老师的付出。在整本书的翻译过程中,原作者德拉朗教授对译者的多次邮件不厌其烦地予以详细答复,这里也表示感谢。

认真地阅读这本书,发现自己原先对"学校身份"的理解是有局限的。一所学校的身份不仅仅涉及一所学校从历史中延续而来的某种文化基质、价值导向和运转规范,它也是发展着的,或者说是可以发展的,这一点在教育改革的背景中尤其有价值。而从这个角度来说,厘清其中的发展与建构机制便尤为重要。作者借用管理学中的组织身份概念,按照自己的思路结合已有相关研究来阐述学校治理问题。"学校身份"一词首先表明了学校角色性质上的一种转变。如今在推行问责制政策的国家里,学校已经从以往的官僚制中的"制度单位"逐步变成了要应对同行竞争、面对家长顾客、需要体现自身效率的"组织";其次,作者借此尝试对影响学校实际运行的内外因素做了有机结合,而不是仅仅停留在对教育治理各层级的线性勾勒,尤其关切到对学校形象和深层次文化的区分、学校面对外界压力为寻找自身相对自在和积极的运转方式而做出的顺应或抗争,以及学校内在行动者的工作投入等问题。而从另一个角度来说,这也是对"学校身份"建构机制的一种解构,呈现了学校应对来自问责(财务清算、外部评价等)压力和地方(甚至全球)同行网络竞争(排名榜)压力的某些手段和策略、校内多群体之间的权力冲突以及校内行动者的身份认同等等。

　　这本书以阐述相关的经验性研究为论据的方式展开自己的观点论述,关切到诸多学校运转的具体细节和维度,提供了丰富的可待研究的问题,由此呈现了"学校身份"建构的生命感,这是最让译者获得共鸣的地方。在这本涉及学校教育治理的书里,我们真切地看到、感受到了群体和个体的行动痕迹与心理体验。在译者的职业经历里,不乏学校里多个次级群体之间或个体之间的冲突或协商的场景,不论国内还是国外都是如此。译者也看到过教育政策的变革给学校中行动者们带来的推动或冲击、不适,有些场景甚至已经跨越了十余年的时间却依然会栩栩如生地闪现在眼前。问责制导向教育改革政策的推行,需要学校起身应对,只是这里的"学校"并不是抽象意义上的或者只是占据领导地位的某个人或某个群体的学校,它最终是由所有或至少绝大部分内部行动者在情感和认知双重含义上所界定的,尤其是,教师职业本身就是人(师)与人(生)互动的工作,需要投入更多的感情和精力。如何强化教师对自身职业的身份认同,让他们从职业实践中获得幸福和成就感,缓解教师的职业倦怠,这已经成为如今广受重视的问题,而其工作的学校应该能够在其中助一臂之力。正如书中所谈及的,学校形象如果仅仅浮于故事讲述和顺应某些外在指标的"面子"打造,终究是难以触及所有教师内心的,难以让他们在真正舒展的空间里尽情而信任地进行身份认同,投入工作。

从"身份"一词的本义来理解,就个体而言,它是其内在的、独特的,因此,谈及某个学校的身份,也意味着它的某种有别于其他学校的特性。按照本书前言所指出的,早在百余年前,公众就已经表露了对学校缺乏"同一性"、"一种集体人格"以及"……校长们没有能力建立一种不怒自威的权威"的担忧,而"这很大部分是因为人们已经承认学校在学习质量中扮演着重要角色"(Campère & Savoie, 2001, 9),如今追求学校效率的问责制和外部评价模式瞄准的正是学校质量问题,而这其中可能暗含着或出现某种的悖论。外部评价的量化指标、各级水平上建立的学校排名和树立的样板学校在某种程度上推行着某种统一的标准和发展模板,引导各个学校的发展方向和"规范"。而学校的准市场化同时也会倾向于加剧"榜样"学校的吸引力,从而可能使得其他学校不顾自身条件的限制而盲目效仿。从这个角度来说,如何评价学校效率,问责的标准和方式尤其值得谨慎。学校、学生和教师毕竟难以成为纯粹的商品,也不可能单纯简化为一堆数据中的一部分,学校教育该是一项长效工程。

更好地理解实践和现实才能更好地自我成长和进行改革,这也许就是这本书能够带给我们的重要启发。可能也正基于这样的观点，作者认为本书可以为教师、学生、教育管理者和研究者们提供帮助。

汪凌

2019年3月18日夜于上海

图书在版编目(CIP)数据

学校身份/(比)于戈・德拉朗,(比)易克萨维耶・杜麦著;汪凌译. —上海:华东师范大学出版社,2020
ISBN 978-7-5760-0010-8

Ⅰ.①学… Ⅱ.①于…②易…③汪… Ⅲ.①教育社会学—研究 Ⅳ.①G40-052

中国版本图书馆CIP数据核字(2020)第035279号

学校身份

著　　者　[比]于戈・德拉朗(Hugues Draelants)　[比]易克萨维耶・杜麦(Xavier Dumay)
译　　者　汪　凌
责任编辑　彭呈军
特约审读　单敏月
责任校对　陈　易
装帧设计　卢晓红

出版发行　华东师范大学出版社
社　　址　上海市中山北路3663号　邮编 200062
网　　址　www.ecnupress.com.cn
电　　话　021-60821666　行政传真 021-62572105
客服电话　021-62865537　门市(邮购)电话 021-62869887
地　　址　上海市中山北路3663号华东师范大学校内先锋路口
网　　店　http://hdsdcbs.tmall.com

印 刷 者　常熟高专印刷有限公司
开　　本　787×1092　16开
印　　张　11.75
字　　数　140千字
版　　次　2020年5月第1版
印　　次　2020年5月第1次
书　　号　ISBN 978-7-5760-0010-8
定　　价　38.00元

出 版 人　王　焰

(如发现本版图书有印订质量问题,请寄回本社客服中心调换或电话021-62865537联系)